Petra Hübscher
Erdheilung und Bewusstseinswandel

Petra Hübscher

Erdheilung und Bewusstseinswandel

Arbeiten mit den Gillymaa-Mandalas

Bücher haben feste Preise.
1. Auflage 2021

Petra Hübscher
Erdheilung und Bewusstseinswandel

© Petra Hübscher/Neue Erde GmbH 2021
Alle Rechte vorbehalten.

Umschlag:
Mandala: Petra Hübscher
Gestaltung: Dragon Design, GB

Satz und Gestaltung:
Dragon Design, GB
Gesetzt aus der Minion

Gesamtherstellung:
Reliance Printing, Shenzhen
Produced in China

ISBN 978-3-89060-785-6

Neue Erde GmbH
Cecilienstr. 29 · 66111 Saarbrücken
Deutschland · Planet Erde
www.neue-erde.de

Danksagung

Ich bin berührt von der Kraft und dem Licht der aufgestiegenen Meister der göttlichen Gegenwart, den Hütern der Erde und der Erde selbst, die mich Tag und Nacht begleiten, mich führen und unterstützen, damit ich als Botschafterin und Medium für die Menschen und die Welt wirken kann.

Ich danke den Natur- und Elementarwesen, die mich immer wieder rufen: »Gillymaa, wir brauchen deine Hilfe! Tue es, mit deinem ganzen Herzen, mit deiner ganzen Liebe, mit deinen ganzen Ausdrucksformen und deiner ganzen Schönheit. Empfange deinen Segen.«

Ich danke meiner Familie, meinen Eltern und meinen Freunden, die meine Arbeit auf der Erde unterstützen. Ich danke meinem Team: meinem Sohn Simon, meiner Schwiegertochter Susanne, Urte, Gerda und Annika.

Inhalt

Einleitung

In einer bewegten Zeit des Umbruchs ist die Heilung mit und für unsere geliebte Mutter Erde von dringender Wichtigkeit – mit all ihren Facetten. Das Goldene Zeitalter lässt nicht mehr lange auf sich warten. Die Karten sind neu gemischt: am Ende einer langen Evolutionskette, wo die Spreu sich vom Weizen trennt, im wahrsten Sinne des Wortes.

Kartenset Erdheilung und Bewusstseinswandel
Das Kartenset »Erdheilung und Bewusstseinswandel« besteht aus 48 Karten in acht Kategorien:

Neue Erde

Naturschutz

Tierschutz und Artenschutz

Klimawandel

Neuer Mensch – Neue Rechte

Weltfrieden

Neue Gemeinschaften

Neue Berufe

Mit dem Kartendeck und dem Buch möchte Gillymaa dich stärken und unterstützen, damit du springen kannst: in eine Welt voller Frieden, voller Liebe, Wertschätzung und Anerkennung. Dann können der bittere Geschmack und der Frevel weichen: zum Wohle einer neuen Gesellschaft, wo wir miteinander mit unseren gesamten Fähigkeiten das unterstützen, was Leben erhält.

Das Kartendeck mit den Energien der Gillymaa-Mandalas soll dich darin unterstützen zu erwachen. Finde deinen Weg in die Erdheilung, da wo die universelle Liebe dein Herz berührt. Mutter Erde umfängt dich. Sie lebt in dir. Sei es für den Tierschutz, den Naturschutz, für das Weltbewusstsein insgesamt oder für den Klimawandel. Sei bereit zu handeln und erhebe dich aus dem Morast von Stillschweigen und der Machtlosigkeit.

Ich bin für dich, ich bin für dich da!

Ich bin für dich da. Mit meinem Herzen, mit meiner Liebe, mit meinem Einsatz.
Ich bin da, da wo der Schuh drückt, wo dein Leben nicht rund läuft.
Ich bin da, wo deine Seele weint, wo Zuneigung und Akzeptanz fehlen.
Ich bin da, wo deine Not ist, wo deine Seele wartet, um abgeholt zu werden.

Ich bin da, wo das Licht seinen Ursprung hat, da wo alles seine Ordnung hat, im Kleinen wie im Großen, im Innen wie im Außen, in allem was du auch bist
Ich warte auf dich, egal wie lange es dauert, egal zu welcher Zeit, an welchem Ort und egal in welcher Verfassung du dich befindest.

Nur eins: Ich muss spüren können, das du offen bist, um die Gnade der Göttlichen Mutter und des Himmlischen Vaters empfangen willst, jenseits von vorgefertigten Strukturen der gesellschaftlichen Einheitsform.
Denn, du bist Einzigartig, du bist Schönheit und Vielfalt, in deinem Sein und Handeln, so wie die Einzigartigkeit und Schönheit einer Rose, um dich und andere im Herzen zu erreichen und zu beglücken, zur Freude der Schöpfung.

Ich bin da, für die heilige Erde, die uns trägt, die für alles sorgt, was uns am Leben erhält.
Ich bin da, für die heilige Erde, die im Aufschrei inbegriffen, allen Schmerz nach oben bringt, damit du Mensch erkennen und mitfühlend spüren kannst, das auch sie begrenzt aufnahmefähig ist für den Schmerz der Welt.
Ich bin da, für die heilige Erde, um ihr entgegenzueilen, zurückzugeben was ich einst genommen habe, in der Torheit meiner Jugend.

Ich bin da, um zu empfangen von der heiligen Erde meinen Auftrag zu erfüllen konsequent und mit Freude, in Dankbarkeit und Demut für meine tiefe Ehrerbietung und meinem Respekt an dich.
In Freude und Liebe zu feiern den heiligen Alltag. Ich bin für dich, ich bin für dich da.

Gillymaa Februar 2016

Das Tor ins Goldene Zeitalter

Das Kartenset Erdheilung und Bewusstseinswandel ist das Tor zum Goldenen Zeitalter. Der Ruf von Mutter Erde ist unüberhörbar. Alle Natur- und Elementarwesen, Kleinstlebewesen, Kristalle, Minerialen, die Luft und die Gewässer, sie alle wollen gesehen werden. Verbunden mit den Führern und Hütern der Erde und den Qualitäten der aufgestiegenen Meister der göttlichen Gegenwart, begleiten sie dich und melden sich zu Wort, um deinen göttlichen Auftrag zu fördern und zur Erfüllung zu bringen. Sie alle unterstützen dich, mit ihren zuständigen Helfern und Helfershelfern, den Engeln der Natur, der Tiere und Menschen dieser Welt.

Die Zeitqualität des Golden Zeitalters beginnt unmittelbar und ist mit Umwälzungen verbunden, die unter anderem Hilfe aus den göttlichen Reichen der Urquelle benötigen, um die Erhaltung der menschlichen Art zu sichern.

Die Kontinente Lemurien und Atlantis sind wieder in das Bewusstsein des Menschen gerückt: einst bekannt als paradiesisch, vollkommen und völlig im Einklang mit der Natur. Die Menschen erinnern sich wieder an ihre lichtvolle Vergangenheit in einer friedvollen Zeit. Dort lebten sie ein Leben im Miteinander und Füreinander. Hier möchten sie wieder anknüpfen, wo sie schon einmal gewirkt haben: im Einklang mit der Natur.

Unsere Erde ist dafür bestens geeignet. Mutter Erde ist ein Schulungsplanet mit unendlichen Möglichkeiten. Hier kannst du schöpferisch tätig sein, um mit neuen liebenden Absichten den Planeten zu erhalten, zu achten und zu schützen, sorgfältig und ausgewogen mit den natürlichen Ressourcen umzugehen und für das Fortbestehen der Erde die Verantwortung zu übernehmen, damit die Fehler schon im Vorfeld erkannt werden.

Transparenz in allen Lebensbereichen

Ein großer Umbruch findet statt und ergreift die Menschheit. Immer mehr Menschen verstehen, wie sie selber und wie die Natur funktionieren. Sie sind daran interessiert, sich zunehmend mit mehr Feingefühl, Liebe, Anerkennung und Wertschätzung für das Leben einzusetzen, um ein neues Gemeinschafts- und Rechtsbewusstsein zu schaffen, mit den natürlichen gesetzlichen Regeln des Universums. Die natürlichen Gesetze des Universums sind ewig.

In dieser wunderbaren Zeit des Umbruchs, hin zum voll erwachten Menschen, findet er seine lebendige Kreativität im Einklang mit den natürlichen Rhythmen und seiner ureigenen Natur.

Deine Aufgabe ist es, aus der Einheit der tiefen Stille des Geistes eine Aktivierung von transzendentalem Bewusstsein hervorzubringen und entsprechend zu handeln. Bist du daran interessiert, dein Wissen und deine Erfahrungen zu erweitern im Hinblick auf die Neugestaltung von Mutter Erde? Bist du wirklich bereit?

Der Weckruf

Das Kartendeck mit 48 kraftvollen Gillymaa-Mandalas aus unterschiedlichen Zeitepochen mit seinen dazugehörigen Texten ist der Weckruf der neuen Zeit. Es ist dein Weckruf: zu erwachen, hinzuschauen, das zu transformieren, was aus Angst, Manipulation, Missbrauch und Sorge um das Überleben entstanden ist. Opfer und Täter sind Bestandteil der dualen Welt in der dritten Dimension.

Aus den alten egoistischen Strukturen von Neid, Herrschsucht, Rache, Ignoranz, Verrat, Selbstsucht und dem Verlust von Liebe kann ein jeder Mensch aussteigen. Mutter Erde wurde entwürdigt und ihrer Ressourcen, ihrer Schönheit und ihres Gleichgewichts beraubt. Das alles ist entstanden aus dem Gedanken des Mangels, aus dem Ego, das mehr haben will, mehr sein will.

Menschen sind Kompromisse eingegangen, um zu überleben. Die Menschen, die ihre Macht ausgenutzt haben, indem sie Ignoranz und Intoleranz in ihr Leben gelassen haben und einfach nur zuschauten, sind in der Verantwortung, umzukehren, sich selbst zu vergeben und um Vergebung zu bitten; aus der Mittäterschaft auszusteigen. Dann kann die göttliche Gnade wirken und ein Schutzschild sein in deinen Unternehmungen, die neue Erde hervorzubringen.

Die Tore zum Goldenen Zeitalter sind weit geöffnet. Ein natürliches, angemessenes Leben voller Mitgefühl, Hingabe, Liebe und Freude in Aktion ist möglich, um in uns die göttliche Urquelle zu beleben und in Liebe und Dankbarkeit zu sein.

Unsere geliebte Mutter Erde und wir Menschen bewegen uns im Sinne der Evolution nach oben in neue Dimensionen von Bewusstheit und Ausdehnung, die uns erkennen lassen, wer wir wirklich sind: göttlich, göttlich, göttlich.

Du wirst gebraucht

Das Kartenset Erdheilung und Bewusstseinswandel ist am Tor zum Goldenen Zeitalter kein Orakel-Set im herkömmlichen Sinne, sondern fordert dich auf, dich bewusst mit den aktuellen Themen des Zeitgeschehens zu beschäftigen, die dir am Herzen liegen. Du bist die Erdheilerin, der Erdheiler der neuen Zeit. Du wirst gebraucht.

Du bist mit dem Kartendeck in der Führung, deinen Weg zu bestimmen und zu beginnen, so wie es dein göttlicher Plan vorsieht. Du beschäftigst dich mit einer oder mehreren Gillymaa-Mandala-Karten, die sich dir liebevoll zuwenden, wie eine liebende Mutter. Es kann sein, dass Emotionen kommen, um deine Energiefelder zu klären. Lauf nicht davon, sondern nimm die Herausforderung an, und der reißende Wolf wird zu einem Lamm. Atme und wisse, alles ist richtig zum richtigen Zeitpunkt am richtigen Ort.

Die Gillymaa-Mandalas sind eine wahre Kraftquelle zum Aufbau von neuen, ganzheitlichen Energieformen am Tor des Goldenen Zeitalters von Licht und Liebe. Die aufgestiegenen Meister der göttlichen Gegenwart, Mutter Erde und die Hüter der Erde erreichen dich in deinem Herzen und schulen dich in deinem Inneren. Sie fordern dich auf, mit deinem göttlichen Willen zu handeln.

Wie kam es zu der Trennung von Mensch und Natur?

Als die Erde im Universum hervortrat und Leben sich auf der Erde entwickelte, bekam Gillymaa eine Botschaft. »Meine geliebte Gillymaa, wir werden auf der Erde einen Bund mit den Menschen schaffen. Jeder

Mensch soll von nun an Erfahrungen auf der Erde machen können, die es ihm erlauben, sich von seiner Urquelle abzuspalten. Zusätzlich bekommst du Hilfsmittel und Möglichkeiten für den Menschen, die ihm erlauben, unter jeglichen Umständen zur Urquelle zurückzufinden, damit keine Seele jemals verlorengeht.«

Das ist das große Schöpfungsspiel (Veda Lila). Jeder Mensch findet seine Aufgabe, je nachdem mit welchen Fähigkeiten er ausgestattet ist. Die Schöpferprogramme sind für die Erde geschrieben. Das Universum ist unendlich, von uneingeschränkter und unüberblickbarer Größe. Jede Galaxis mit ihren unzähligen Sonnen und Planeten hat ihre individuellen Programme. Sie stehen mit unserer Erde in Interaktion.

Intelligenzen aus anderen Universen

Andere Bewohner aus anderen Planetensystemen, die Mutter Erde besiedelten, haben andere Interessen und sind nicht mit Menschen zu vergleichen. Sie haben ganz andere Grundstrukturen. Es gibt Mitbewohner ohne Herz und Mitgefühl. Sie können nur in Symbiose, beziehungsweise in Abhängigkeit zum Menschen auf der Erde existieren.

Mit anderen Bewohnern sind besondere Intelligenzen aus anderen Planetensystemen gemeint, die daran interessiert sind, den Menschen zu unterwandern und zu versklaven, um ihn für ihre Belange auszunutzen. Die Absicht dieser anderen Bewohner ist, ihre Existenz für lange Zeit zu sichern. Auf ihrem Herkunftsplaneten ist es ihnen nicht gelungen, sich weiterzuentwickeln. Sie schlüpfen in die Hülle einer Menschenstruktur. Sie sind äußerlich kaum von diesem zu unterscheiden. Sie kontrollieren die Rohstoffe der Erde und machen sie für sich nutzbar, schon seit unendlichen Zeiten.

Einst haben Menschen Tür und Tor geöffnet, um fremde Strukturen von außerplanetarischer Macht anzunehmen, um sich selbst daran zu beteiligen und um Trennung zu erzeugen. Der Mensch hat sich von der Urquelle entfernt, um sich mit den Intelligenzen zu vermischen. Er wollte die Macht der Magie und Manipulation erleben, im Innen und im Außen. Dadurch sind große Ungleichgewichte entstanden, die das harmonische

Ganze aus dem Gleichgewicht gebracht haben, sodass die Möglichkeit besteht, dass der Mensch die Erde verlassen muss.

Der Mensch am Scheideweg

Auch der Mensch, der nicht bemerkt hat, dass er am Abgrund steht, hat die Wahl umzukehren, um sich für eine komplette Läuterung zu entscheiden. Du hast immer die Wahl! Du kannst dich abwenden von der totalen Selbstaufgabe, ohne Herz und Mitgefühl zu funktionieren in einer künstlich aufgebauten Gesellschaft, ein Leben lang. Du bist eingeladen, dich zu besinnen auf das, wer du wirklich bist, ein mitfühlendes Wesen mit der Verbindung zur Urquelle, geschaffen aus der höchsten Freude der göttlichen Weisheit. Du bist ein Wunder. Meister, Engel und Menschen, die den Weg schon vorausgegangen sind, stehen bereits im Tor, um dich mit Glanz und Gloria zu empfangen.

Das Tor zum Goldenen Zeitalter steht dir offen

Die entwickelten Fähigkeiten von Mut, Willens- und Umsetzungskraft sind in dieser bewegten Zeit, an der Pforte zum Goldenen Zeitalter von dringender Wichtigkeit. Befreie dich von der Angst. Es ist dir erlaubt, aufzuwachen, dein Leben neu zu bestimmen und neu zu beginnen; umzukehren aus den Netzwerken des Konsums, die dich geprägt haben und dich bewegen, die Materie mehr zu lieben als das Göttliche in dir; Geld zu missbrauchen für Luxus, für deine Bequemlichkeit, um dein Ego damit zu nähren; Barrieren aufzubauen, gegen die, die deine Brüder und Schwestern sind, die deine Freunde sind, deine Familie, Kinder und Kindeskinder.

Ausgleich von Arm und Reich

Auf der Erde geht es heutzutage immer um Rohstoffe, Macht und Gewinn. Die Mächtigen holen sich, was sie wollen, ohne Rücksicht auf ein würdevolles Menschenleben. Sie beuten die Erde, das Wasser und die Luft aus. Menschen verhungern, da wo wertvolles Land und wertvolle Ernte dazu benutzt wird, diese an Nutztiere zu verfüttern, um größtmöglichen Profit zu erzielen. Die Nahrungskette ist so kompliziert und technisiert worden, dass zuerst das Tier sein Futter bekommt. Den Menschen wird dann das verseuchte Fleisch als gesundes Nahrungsmittel angeboten. Dabei ist das Fleisch voll von Hormonen und mit pharmazeutischen Mitteln vergiftet. Die Natur geht immer den Weg des geringsten Wiederstands, um effizient und energievoll Nahrung zu erzeugen auf einfachem Wege. Davon können alle Menschen leben.

Der Raubbau der Ressourcen wird ein Ende haben; der Ausverkauf wird konsequent beendet und damit das Gefälle von Arm und Reich. Jetzt ist die Zeit der Wahrheit gekommen, die Zeit, die Spreu vom Weizen zu trennen. Alles wird gesehen. Mensch sei bereit zu geben, und die Ernte kommt zu dir. Gib zurück, was dir nicht gehört. Teile deinen Reichtum mit den Menschen, die deine Liebe dankend empfangen, und der natürliche Kreislauf von Geben und Nehmen ist wieder hergestellt.

Warum ist es so wichtig, in der Erdheilung zu wirken?

Heilung für die Erde bedeutet Heilung für uns. Bewusstseinswandel für uns bedeutet Heilung für die Erde. Der Schrei nach Erlösung ist groß. Er hat einen Punkt erreicht, der Umkehr heißt. Finde deine außerordentlichen Qualitäten in der Vergebung, im Dienen und in der Hingabe für Mutter Erde. Aus diesem neuen Erwachen auf der Erde erfahren die Menschen ein Leben in Fülle und Freude, jenseits von Trennung. Dein Platz in der Erdheilung ist wichtig.

Über die Gillymaa-Mandalas

In der vedischen Tradition sind Mantras, die als Wortklang ihre Anwendung finden, ein wesentlicher Bestandteil der Bewusstseinsentwicklung.

Gillymaa-Mandalas dienen dir als Bewusstseins- und Informationsträger. Sie wirken direkt auf das vegetative Nervensystem. Damit wird ein Bewusstwerdungsprozess eingeleitet, der dazu führt, die Ganzheit in dir und in der Natur wieder herzustellen, als Wortklang (Schwingung) in Farbe und Form.

Die Gillymaa-Mandalas sind kraftvolle, energetische Werkzeuge aus den höchsten himmlischen Reichen, der Urquelle allen Seins. Die transformierenden Energien werden durch Petra Hübscher über die Gillymaa-Mandalas auf die Erde gebracht. Sie transportieren das neue Bewusstsein, um es auf der Erde zu manifestieren.

Die aufgestiegenen Meister der göttlichen Gegenwart kommen aus den lichtbringenden Ebenen der Schöpfung, um mit medialen Menschen gemeinsam zu wirken. Die Botschaften, und die komplexen Energiestrukturen, die durch Petra Gillymaa Hübscher auf die Erde kommen, haben unter anderem die Aufgabe, das Magnetfeld auf der Erde und die Magnetfelder jedes Einzelnen wieder aufzubauen. Dadurch ist ein großer Schutz der Erdenmutter gewährleistet, um die bevorstehenden Ereignisse in der Welt überstehen zu können.

Wie entstehen Gillymaa-Mandalas?

Petra malt die Gillymaa-Mandalas auf handgeschöpftem Aquarellbogenpapier mit Aquarellstiften und Pinsel. Es gibt keinen Gedanken, keinen Impuls. Gillymaa-Mandalas entstehen aus sich selbst heraus, Moment für Moment. Sie werden nicht durch den menschlichen Willen aufgeladen.

Erst wenn die Mandalas fertig sind, geht die vollständige Frequenz der Energie in das Mandala, in das Thema, für das es steht. Die Energien in den Gillymaa-Mandalas gehen niemals verloren. Sie bleiben als geistige Manifestation in ihnen erhalten.

Gillymaa-Mandalas sind in erster Linie rund. Ein Kreis entsteht und lenkt die ganze Aufmerksamkeit auf die Mitte, den Punkt als den Platz, der alles enthält: so wie ein Same, der alle Informationen enthält, um einen ganzen Baum wachsen zu lassen. In ihm ist die ganze Schöpfung und das Thema, für das das Gillymaa Mandala steht, schon enthalten.

Wie wirken die Gillymaa-Mandalas allgemein?

Gillymaa-Mandalas wirken über die Körperintelligenz eines jeden Menschen. Sie wirken über die Intelligenz des Universums im globalen Feld. Sie wirken in den Bereichen, wo Ungleichgewichte in der Natur, in den natürlichen Gesetzen von Recht und Ordnung und in Mutter Erde selbst als Chaos und Zerstörung zum Ausdruck kommen.

Anwendung der Gillymaa-Mandalas

Das Kartenset für das Goldene Zeitalter ist maßgeblich für die Veränderung und Erhöhung der Energiefelder vorgesehen. Du solltest bereit sein, auch deine Themen in den Mandalas zu finden, die dir nahe sind.

Stimme dich ein, gehe in die Stille mit dem Erdheilungsthema, das dir wirklich wichtig ist. Mische die Karten intuitiv und ziehe eine bis drei Karten aus den 48 Karten. Du wirst die richtigen Mandala-Karten ziehen, wo es der Heilung und Klärung bedarf. Du kannst nichts verkehrt machen, sondern darfst aus dem Vertrauen heraus handeln. Hast du die Karten gemischt und ausgesucht, nimm sie nacheinander an dein Herz oder lege jede Karte nacheinander zwischen deine Hände. Die aufgestiegenen Meister der göttlichen Gegenwart, die Elementarwelten, Hüter der Orte und Plätze werden dir die Botschaft in dein Herz legen, wie du fortfahren sollst.

Anwendung 1

Meditiere an mehreren darauffolgenden Tagen mit jedem einzelnen oder mit den drei Mandalas, die du ausgesucht hast, (zwei Mal am Tag) für etwa drei bis fünf Tage und bitte um deinen göttlichen Auftrag. Hast du die Botschaft gesehen oder gespürt, handle danach.

Anwendung 2

Stelle die Mandala-Karten nachts an dein Bett und lasse sie wirken. Stelle auch dein Wasser davor und trinke zwei bis drei Liter davon über den Tag, und zwar über einen längeren Zeitraum von drei bis vier Wochen. Lasse dich führen, wohin dein Weg als Erdheilerin führt, um das neue

Bewusstsein in die Bereiche zu bringen, die für Mutter Erde und für die Welt jetzt wichtig und richtig sind.

Anwendung 3

Verbinde dich in allen möglichen Situationen mit den Mandalas. Stelle sie an deinen PC, an deinen Arbeitsplatz und lasse dich immer wieder neu inspirieren. Lies auch die Texte immer wieder durch, bis du Klarheit gefunden hast, was zu tun ist. Lasse dich inspirieren: Du bist kraftvoll, kraftvoll, kraftvoll.

Anwendung 4

Manchmal möchten die Mandalas auch einfach nur an verschiedenen Stellen im Raum stehen, und deine Aufmerksamkeit geht zu dem Thema, für das es steht, und das wird bearbeitet.

Zusätzliche Anwendungsmöglichkeiten

- Kaufe dir die einzelnen Mandalas zusätzlich, mit denen du intensiver arbeiten möchtest. Wenn du dich dafür entscheidest, große Mandalas auf Keilrahmen in deiner Wohnung, im Haus oder als Spezialdrucke für draußen oder für besondere Plätze, die Transformation erfahren wollen, entscheidest, wirken die großen Mandalas weit über die Grenzen hinaus. Sie bilden einen heiligen Raum, der ununterbrochen Unbesiegbarkeit, Fülle und göttliche Präsenz bereitstellt.
- Kleine Drucke von 2 x 2 cm oder 5 x 5cm, auch andere Größen, wie 10 x 10 cm, 20 x 20 cm und 30 x 30cm, sind mit einer wasserabweisenden Folie ausgestattet. Du kannst sie unter www.omjaah.shop bestellen. Die kleinen Mandalas kannst du an Orte und Plätze bringen und auch in der Erde platzieren. Du wirst erstaunt sein, wie dort Wunder geschehen.
- Es werden immer wieder Seminare und Ausbildungen zum Thema Erdheilung und Bewusstseinswandel angeboten, wo in kleinen Gruppen mit Kontinenten, Ländern, Städte und Umgebungskarten für Orte und Plätze gearbeitet wird.

Gillymaa-Mandalas sind nicht statisch, sondern voller Dynamik und Lebendigkeit. Auch ohne deine Aufmerksamkeit wirken sie am jeweiligen Platz, wo sie sich befinden.

Gillymaa-Mandalas auf große Keilrahmen gedruckt, verändern sofort die Energie im Raum positiv und sind sofort spürbar.

Gillymaa-Mandalas sind als geschützte Marke registriert. Sie sind einzigartig in der Entstehung, Anwendung und Wirkkraft. Gillymaa-Mandalas stellen somit ein Qualitätsmerkmal dar. Der Beweis liegt in der Anwendung und Erfahrung eines jeden Anwenders.

DIE KARTEN

(Weiße Büffelfrau

*Groß ist dein Herz. Verschmilz mit dem Leid derer, die nicht
gesehen werden in der Welt. Wandle es um!*

Das Gillymaa-Mandala »Weiße Büffelfrau« ist ein Erdheilungsmandala
zu Wasser, Luft und Land. Es ist auf der Insel Langeoog entstanden. Es
erobert schnell dein Herz und versetzt es in Schwingung. Es zeigt dir den
Weg aus der Welt in dein Heiligtum, zum einzigen Gott in dir.

Das Gillymaa-Mandala »Weiße Büffelfrau« entspringt einer sehr
alten Tradition der Indianerstämme und verspricht Vorhersagen für die
zukünftige Zeit, die Zeit des Übergangs in ein neues Bewusstsein.

Es repräsentiert die schöpferische Kraft von Mutter Erde, mit allen
Eigenschaften dieser Welt, denen der Heiligen Elemente.

Es lässt dich all das Leid sehen, das in der Welt passiert und mit dem du
unweigerlich verbunden bist. Schaue hin und überwinde Ignoranz, Stolz
und Zerstörungswut. Verbinde dich mit der Kraft der Weißen Büffelfrau.
Fühle, liebe, handle und vergebe.

Das Gillymaa-Mandala »Weiße Büffelfrau« bringt dein verhärtetes
Herz zum Schmelzen und unterstützt dich darin, deine Ideen, wie du
der Erde helfen kannst, zu verwirklichen. Es unterstützt dich auch darin,

kein neues Leid zu schaffen, deiner geistigen Aufgabe gerecht zu werden und sie zu erfüllen.

Das Gillymaa-Mandala »Weiße Büffelfrau« ist wie ein Orkan. Es reinigt von innen und beschleunigt deinen Prozess, der Natur zu helfen und zu dienen. Es hat eine starke aufsteigende Spirale, vollzieht den Polsprung und lässt dich Teil dieses Prozesses sein. Du musst jetzt bereit sein, große Schritte zu gehen und zu springen. Denn über einen reißenden Fluss kommst du nicht mit ein paar Tippelschritten. Die weiße Büffelfrau ist an deiner Seite. Sie gibt dir Stabilität und Ausdauer, nicht zu verzagen, um dein Ziel zu erreichen und deine Berufung zu erfüllen.

Das Gillymaa-Mandala »Weiße Büffelfrau« nimmt dich mit auf diese Reise. Du bist im Kreis dieser Reise. Du bist im Wirbelsturm der Veränderungen geschützt und wirst geschult.

Das Gillymaa-Mandala »Weiße Büffelfrau« versetzt dich in Schwingung und verbindet dich mit den Sternengeschwistern, den Hathoren und den Pionieren dieser Erde. Mit den Indianern, den Syrern, mit Äthiopien, Kasachstan, mit Himmel und Erde, mit den Kristallen in der Natur. Das Gillymaa-Mandala »Weiße Büffelfrau« gibt dir die Sicherheit für deine Vorhaben, das Richtige zu tun. Die Gastfreundschaft der weißen Büffelfrau ist weich, warm und sehr angenehm. Du wirst von ihr behütet, geschützt und genährt, wie ein Kind in der Wiege einer stillenden Mutter.

2 Mutter Erde

Aktivierung und Neuordnung von Bodenschätzen, Mineralien und natürlichen Wasserquellen

Das Gillymaa-Mandala »Mutter Erde« repräsentiert die heilenden Qualitäten des Zentrums im Herzen am Bodensee. Das Herz ist weit und öffnet sich mehr und mehr im Mittelpunkt des Bodensees. Das Gillymaa-Mandala »Mutter Erde« ist ein großes Mandala geführt von den mitfühlenden Aspekten der aufgestiegenen Meister und den ansässigen Hütern des Bodensees.

Es ist ein Erdheilungsmandala, zu Wasser, zu Land und der Luft. Es wirkt heilsam auf die gesamte Umgebung und an anderen Orten und Plätzen, die bereit sind für die große Transformation am Tor zum Goldenen Zeitalter.

Es wird unterstützt durch Pan, den Naturgott, Kuan Yin, Mutter Maria, Maria Magdalena, Kali, dem Christus-Selbst und Sananda.

Der Bodenseeraum ist das Herz von Deutschland, da es die Süße, den Nektar der Unsterblichkeit im Äther in flüssiger Form erhält. Die Menschen, die in dieser Gegend wohnen und sich zu ihr hingezogen fühlen, haben die Aufgabe, mit ihrem höheren Wissen zu wirken und die Menschen, die offen sind, zurückzuführen in die Einfachheit und in die Stille.

Die gesamte Gegend um den Bodensee ist von den Menschen aus Unwissenheit, Habgier und Selbstsucht ausgebeutet worden. Bis jetzt.

Die Natur ist in einem starken Transformationsprozess, so wie auch du. Höre auf deine innere Stimme und verbinde dich gleichzeitig mit dem Wissen von Mutter Kali und der aufsteigenden Energie des Goldenen Zeitalters, um heilend wirken zu können, für dich und andere.

Der Platz Maria im Stein, nahegelegen am Bodensee, ist für jeden, der sich bewusst dorthin begibt, eine Art Initiation. Hier findet Heilung statt, durchtränkt von der weiblichen und männlichen Christuskraft; von tiefer innerer Ruhe, Klarheit und Stärke, Vertrauen und Zuversicht; solche Plätze findet man am Bodensee.

Das Gillymaa-Mandala »Mutter Erde« ist mit dem Vollmond und der Energie des 31.12.2009 entstanden. Es beendet altes Karma und lässt alles neu entstehen. Das Gillymaa-Mandala »Mutter Erde« wirkt stärkend auf die Erde und das Wasser im Umkreis des Bodensees und hat die transformierte Energie dieses Platzes.

Trinkst du das Wasser des Mandalas, so trinkst du von der reinen Quelle. Das Gillymaa-Mandala »Mutter Erde« ist stellvertretend für alle Kraftplätze, an denen du wirkst. Das Mandala »Mutter Erde« ist für dich eine Initiation. Es wirkt bis in die sechzehnte Dimension und erneuert sich stetig in der Liebe der göttlichen Mutter.

Die Bodenschätze und Mineralien sind in vollem Umfang dort enthalten und sollen immer wieder von Erdheilern aufs Neue aktiviert werden, um die Erde, die so ausgelaugt ist, zu erneuern und zu stärken. In jedem Jahreszeitenzyklus wirkt das Gillymaa-Mandala »Mutter Erde« reinigend. Dies hilft der Natur, sich weitgehend zu regenerieren, ohne sie dabei weiter auszubeuten.

Die Elementarwesen tun ihre Arbeit, bringen Bewegung in die Erde und in das Wasser. Die Engel und Naturwesen helfen dabei, die Menschen aus ihrer Lethargie und Engstirnigkeit heraus in Bewegung zu bringen. Heilung geht von dem Platz Maria im Stein aus und fließt großflächig in alle Richtungen. Benutze das Gillymaa-Mandala auch an anderen Orten, wo die neue Energie gebraucht wird.

Das Gillymaa-Mandala »Mutter Erde« ist gut für die Heilarbeit an Kraftplätzen und Gewässern, besonders Bächen und kleinen Flussläufen, und bei Ignoranz gegenüber der Natur, die uns am Leben erhält. Es gibt dir Klarheit, Ruhe und Zuversicht für bewusstes Handeln, Klärung des Geistes bei Lethargie und Abgestumpftheit. Es entfaltet deine innere Stimme, führt in die Einfachheit und ins Urvertrauen. Es verbindet dich für deine dienende Aufgabe mit den Qualitäten und den Energien von Mutter Erde und dem Naturgott Pan, mit Kuan Yin, Mutter Maria, Maria Magdalena, Kali, dem Christus-Selbst und Sananda. Es eröffnet dir neue Dimensionen von Sein.

3 Heilige Erde

Geweiht von der Meisterpräsenz Wottana und den Naturvölkern
der ersten Stunde, im Einklang mit der universellen Ordnung

Begegne dem Gillymaa-Mandala »Heilige Erde« mit Respekt und Achtung. Es repräsentiert die Meister-Energie Wottana. Das Gillymaa-Mandala »Heilige Erde« ist ein Erdheilungsmandala für die geschundene Erde. Es reicht tief bis in die inneren und äußeren Erdreichschichten und harmonisiert diese. Es stärkt deine Intuition und bringt dich stärker in Kontakt mit Mutter Erde und den führenden Meistern, deren Aufgabe es unter anderem ist, dich aufzuwecken.

In dieser sensiblen Zeit der Umwandlung ist es oft nicht mehr möglich, eine sanfte Umkehr- Maßnahme zu treffen. So müssen die Menschen sich darauf einstellen, mit einem großen Ruck emporgehoben zu werden, um die verhärteten Strukturen des menschlichen Denkens, Handelns und Fühlens umzuwandeln.

In der Erde wird der natürliche Stoffwechsel mit seinem gesamten Transformations-Potential aktiviert. Eine neue größere Ordnung wirkt im Inneren und auch auf der Erde zum Wohle aller.

Das Gillymaa-Mandala »Heilige Erde« möchte von dir zur Reinigung der Erde genutzt werden und in Erdheilungsrituale mit einbezogen werden.

Das Gillymaa-Mandala »Heilige Erde« verbindet dich auch mit anderen Naturvölkern, die dir das universelle Wissen direkt übertragen.

Das Gillymaa-Mandala »Heilige Erde« verleiht Respekt für die geschundene Erde, transformiert und erneuert tiefe Erdschichten. Es ist ein starkes Umwandlungs- und Reinigungsinstrument der Erde, es dient zur Harmonisierung. Es stärkt die Intuition, stärkt die Verbindung zu Mutter Erde, stärkt die Verbindung zu den Meistern der inneren Erde und stärkt die Verbindung zu den Naturvölkern.

Das Gillymaa-Mandala »Heilige Erde« unterstützt deinen Weckruf und hilft bei wichtigen Entscheidungen. Wottana fordert dich auf, zu handeln. Keine Zeit mehr zu verplempern in Resignation und Lethargie.

4 Salz der Erde

Aufbauende und reinigende Intelligenz der göttlichen Ordnung

Das Gillymaa-Mandala »Salz der Erde« unterstützt die Aufwertung von Salz. Es hat die Information, kraftvoll da zu unterstützen, wo Mineralien wenig oder nicht vorhanden sind: zum Aufbau des mineralischen Menschen und zum Neuaufbau seiner kristallinen Struktur.

Es bedarf großer Reinigungsprozesse, um das Salz für den Menschen verfügbar zu machen. Schädliche Zutaten, wie Natriumchlorid, Phosphor, Bindemittel und andere Stoffe werden zugefügt, um es rieselfähig zu machen.

Raffiniertes Salz ist nicht vollständig in seiner Struktur. Es kommt im isolierten Zustand auf den Markt, ohne die wichtigen Mineralien, die zur Erhaltung eines gesunden Menschen nötig sind. Raffiniertes Salz hat einen Natriumchlorid Gehalt von 99%. Dazu kommen Pilzsporen und Schwermetalle sowie Aluminiumsilikate oder Kalium-Jodid, die dem Salz zugefügt werden.

Salz ist ein wichtiger Baustein für das Bestehen von Mutter Erde, zu Wasser und zu Land. In den Gewässern und großen Ozeanen ist Salz noch in großem Maße vorhanden, doch durch die Zivilisation verschmutzt und unsauber.

Das Gillymaa-Mandala »Salz der Erde« verbindet mit der Urenergie des Salzes der Erde. Es stellt die Urstruktur der Urenergie des Salzes wieder her, vollkommen und vollständig. Die Salzwasser, die sich in Millionen von Jahren als Halit bekannt gemacht haben, sind die großen Hüter.

Die Hüter des natürlichen Salzes aus den Bergen, den großen Salzseen sowie Salzbergwerken, Salzwüsten, Salzmienen und Salzvorkommen begrüßen es, gesehen und gehört zu werden. Die ganze Aufmerksamkeit gehört dem Salz. Mit dem vollständig natürlichen Salzgehalt bleibt der Mensch gesund.

Das Gillymaa-Mandala »Salz der Erde« hat eine stark geistige, feinstoffliche Wirkung. Die Zellen im Körper bleiben lebendig. Dadurch baut sich der natürliche Schutz mit seinen Schutzschranken neu auf. Die Zirbeldrüse wird angeregt, und die Verkalkungen im Körper und im Gehirn werden aufgebrochen. Synthetische Süßstoffe und deren Wirkung werden aufgehoben. Handystrahlung ist weniger schädlich, alles fließt durch und wird ausgeschieden.

Benutze das Gillymaa-Mandala »Salz der Erde« zum Aufbau der ausgelaugten Erde, zum Aufbau der Mineralvorkommen. Das Mandala »Salz der Erde« transportiert die Information, den Salzabbau zu verringern, damit der Salzgehalt der Erde gesichert ist. Wirke mit dem Mandala in der Erdheilung da, wo sich in Salzbergwerken große Giftmüll-Lager bilden, und da, wo das Salz zu Billigprodukten verarbeitet wird. Achtsamer Umgang mit Salz ist geboten. Weniger ist mehr.

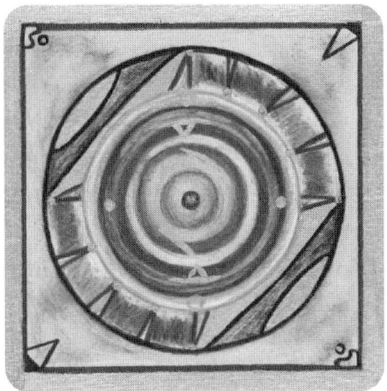

5 Aufhebung der Ausbeutung von Rohstoffen

*Transformierende, klärende und rückgewinnende
Intelligenz der Natur*

Das Gillymaa-Mandala »Aufhebung der Ausbeutung von Rohstoffen« ist
entstanden, als die große Informationswelle über Aluminium den Menschen durch konventionelle Medien warnte. Es wurde darüber berichtet,
wie der Mensch durch Aluminium erkrankt, dumm gemacht wird und
die Organe so verletzt und zerstört werden, dass ein menschenwürdiges
Leben kaum noch möglich ist.

Das geschieht besonders in den Abbaugebieten, wo weiträumig das
Trinkwasser vergiftet wird und sich in die Weltmeere ergießt. Viel Menschen, besonders Kinder, sterben in den Abbaugebieten, wo Tausende von
Tonnen des Abfallmaterials einfach durch große Lastwagen in die Natur
geschüttet werden. Ein Mensch darf sich über viele Jahre nicht mehr in
die Nähe wagen, um keine bleibenden Schäden zu erleiden. Dazu gibt es
einen wichtigen Film: »Die Aluminium Akte«. Aluminium wird in vielen
Lebensmitteln, Hygiene-, Haushalts- und Pflegeprodukten mit eingebaut.
Meistens aus Abfallprodukten der Chemieindustrie.

Bitte achte beim Einkauf auf das Verpackungsmaterial von Lebensmitteln. Entscheide dich bewusst und direkt dafür, Verpackungsmaterial mit
und aus Aluminium vollständig zu meiden.

Gillymaa bekam von der geistigen Welt den Auftrag eine Rückkoppelung in Gang zu setzen und die Gifte zu transformieren, so wie sie es schon des Öfteren gemacht hat.

Das Gillymaa-Mandala »Aufhebung der Ausbeutung von Rohstoffen« lässt dein Herz erwachen, das Herz eines liebenden Menschen, das sich für die Natur einsetzen möchte, um die Rückgewinnung von Rohstoffen in Gang zu setzen. Es lässt dich tief ins Erdreich eintauchen, um zu verstehen, wie wichtig die Verbindungen der Rohstoffe in der Erde sind: zur Erhaltung des Lebens, in und auf der Erde.

Das Gillymaa-Mandala »Aufhebung der Ausbeutung von Rohstoffen« ist ein Dimensionstor, das dich mit unserer geliebten Mutter Erde in Kontakt bringt, durch alle körpereigenen Schichten, die alle Elemente in ausgeglichenem Maße aufweisen und unmittelbar zur Harmonisierung führen. In dir, in der Natur, überall da, wo es notwendig ist.

Das Gillymaa-Mandala »Aufhebung der Ausbeutung von Rohstoffen« aktiviert die Aufhebung der Ausbeutung von Rohstoffen auf der Erde. Dazu gehört: der Abbau von Aluminium, der Abbau von Erzen und Edelmetallen, Abbau des Erdgases, Erdöl und Kohle sowohl der Steinschlag und der Abbau von Kalkstein; des weiteren der Abbau von Uran, Plutonium und Schwefel. Bitte vermeide Müll. Tue es bewusst und beteilige dich an der Wiedergewinnung von Rohstoffen aus Müll, den du selber mit verursacht hast.

Das Gillymaa-Mandala »Aufhebung der Ausbeutung von Rohstoffen« sollte in einer Installation an Orten und Plätzen aktiviert werden, um die Transformation und Aufhebung beständig in Schwingung zu setzen.

Das Gillymaa-Mandala »Aufhebung der Ausbeutung von Rohstoffen« findet seine Verwendung ausschließlich im bewussten Bereich der Erdheilung durch die innere Führung, durch Intuition in Verbindung mit deiner Seelenfrequenz. Sie wirkt mit den Hütern der Erde bei der Reinigung und Ausleitung vergifteter Körper durch Aluminiumprodukte, Hygieneartikel, Pflegeprodukte Haushaltsartikel, bei Dumpfheit, Vergesslichkeit, Trägheit, Schwere, Leere, Lebensmüdigkeit, Verdauungsprobleme, Ablagerung in den Organen, Verkalkung. Erkundige dich zu dem Thema bei Gillymaa und erfahre dabei, wie du in der Erdheilung tätig werden kannst.

6 Aktivierung der Kristalle und Mineralien in der Erde

Rückgewinnung von fruchtbarem Boden

Das Gillymaa-Mandala »Aktivierung der Kristalle und Mineralien in der Erde« aktiviert die Mineralien und Kristalle in der Erde. Es stellt die Ganzheit wieder her. Das Gillymaa-Mandala »Aktivierung der Kristalle und Mineralien in der Erde« aktiviert Kleinstlebewesen und Mikroorganismen in der Erde, wo Sauerstoff und Nahrung fehlen, wo Wasser nicht mehr aufgenommen wird, wo das Land und der Boden durch synthetische Düngemittel, Übersäuerung und Monokultur seine Qualität verliert. Natürlicher Humus wird abgebaut, da die Ruhezeiten der Böden nicht mehr eingehalten werden. Dadurch können sich keine Wasservorräte mehr unter dem Erdboden bilden. Das Wasser in der Erde versiegt und macht die Erde hart und trocken.

Ein Überlebenskampf beginnt, früher oder später. Mensch wach auf! Kümmere dich um Mutter Erde und mache das Land fruchtbar: für dich und für das Überleben der menschlichen Art.

Da, wo die Erde missbraucht und ausgemergelt ist durch den Abbau von Nährstoffen, Mineralien, Edelsteinen, Kalk und Gestein, entstehen physische und energetische Löcher. Der Fluss des Lebens im Erdreich stockt. Das führt zu großen Ungleichgewichten und verhindert, dass sich die Elemente und Elementarwesen reibungslos miteinander verbinden. Sie müssen nun Umwege gehen, das kostet Kraft und Energie. Die Effizienz der Naturgesetze ist dadurch in großem Maße gestört. Die Erde verklebt, verhärtet sich und wird undurchlässig.

Die Fließfähigkeit und Interaktion mit allem, was ist, fällt der Maßlosigkeit und Gier des Menschen zum Opfer, da er die Erde ausbeutet ohne Unterlass und nicht versteht, dass nur ein gesundes Gleichgewicht zwischen Nehmen und Geben die Erde erhält.

Auch in den Körpern der Menschen sind diese Schwachstellen entstanden. Die ausgelaugten Böden sind Eingangspforten für Erreger, Parasiten und Viren. Das schwächt die Natur und den Menschen als Ganzes.

Wertvolle Kristalle und Mineralien fehlen im Boden. Die Nahrungsaufnahme ist gestört. Besonders auch in den feinstofflichen Bereichen. Fremdeinflüsse und niedrige Energien breiten sich aus. Störfelder im gesamten Erdreich und auch im Körper des Menschen, wo sich ja alles wiederholt, dehnen sich weiter aus. Die Weltbevölkerung ist nicht mehr mit der Ganzheit des Lebens im Einklang.

Das Gillymaa-Mandala »Aktivierung der Kristalle und Mineralien in der Erde« baut über die Intelligenz der Natur den Mineralienhaushalt der Erde auf und stärkt ihn.

Durch die Anwendung und Reaktivierung eines gesunden Bodenklimas unterstützen und beschleunigen die Gillymaa-Mandalas den Prozess im Erdreich, in Verbindung mit Wasser. Das unterstützt den Umkehrprozess zurück in eine neue göttliche Ordnung, mit der Kraft und Stärke der lichten und hingebungsvollen Hüter der Erde, der Weißen Büffelfrau, der weiblichen Christuskraft, der Meister-Energie Lemuel. Das unterstützt zugleich deinen Aufwachprozess.

Das Gillymaa-Mandala »Aktivierung der Kristalle und Mineralien in der Erde« stellt die Ordnung schnell wieder her. Es beschleunigt die Regenerierung durch die göttliche Liebe und göttliche Gnade. Das Mandala ist für den Heilungsprozess der Landwirte, Kleinbauern, Gärtner, Tierliebhaber und Naturfreunde sehr geeignet. Alle Elemente kommen zurück und bilden eine neue Einheit, um neues Leben hervorzubringen.

7 Wasserschutz

Dynamische, fließende Kraft der universellen Liebe, im ständigen Fluss der Erneuerung

Das Gillymaa-Mandala »Wasserschutz« stellt die gesamten Wasserkreisläufe wieder her. Es ist wie ein Schutzmantel, umhüllend, versorgend, weich und undurchlässig gegen Erreger und Giftstoffe.

Das Gillymaa-Mandala »Wasserschutz« ist geschützt durch sich selbst, umfangen von der natürlichen Struktur der Kristalle aus den inneren Reichen. Dort wird es immer wieder erneuert und auf das Niveau von Reinheit und Klarheit gehoben.

Das Gillymaa-Mandala »Wasserschutz« ist ein Geschenk der göttlichen Gnade, ein köstlich natürliches Wasser, das durch alle Erdschichten geflossen ist. Angereichert mit den Erdkristallen, Mineralien, Fossilien und Gestein.

Das Gillymaa-Mandala »Wasserschutz« ist eine Quelle, die in und unter der Erde seine Reserven verwaltet aus sich selbst heraus und in Symbiose mit den natürlichen Elementen. Von da werden die Menschen schöpfen – unerwartet in der Not.

Das Gillymaa-Mandala »Wasserschutz« ist ein Wasser innerhalb der natürlichen Kreisläufe. Es ist alles durchdringend, reinigend und heilend:

ein Wunderwerk der Natur und des reinen Geistes aus dem Christuskanal. Wer an mich glaubt, lebt ewiglich.

Das Gillymaa-Mandala »Wasserschutz« ist ein Segen für alles Leben und wird alles überleben. Eine unermüdlich frei fließende Energiestruktur bestimmt dein Sein.

8 Wattenmeer

Umbruch und 180°-Umkehrung der vereinigenden Grundstruktur der universellen Ordnung durch die Hüter und Meister der großen Gewässer

Das Gillymaa-Mandala »Wattenmeer« ist mit der Unterstützung der geistigen Welt, der Hüter der Gewässer, Ozeane und Meere entstanden. Es verbindet Wasser und Land in ausgeglichenem Maße und sorgt dafür, dass das Wasser nicht über die Ufer tritt. Das Gillymaa-Mandala »Wattenmeer« hat die Aufgabe, die Menschen, die am Wasser leben, wach zu machen und sie innehalten zu lassen, um ihre Handlungsweise zu überdenken und sich umzuorientieren.

Spüre, wie wichtig die Natur ist, und hilf ihr, wieder ins Gleichgewicht zu kommen, zum Wohle aller Lebewesen. Sei bereit, nicht mehr auf irrsinnige Geschäfte reinzufallen, die der Natur mehr schaden als nützen. Finde zu dir selbst und komme zu mehr Ehrlichkeit mit dir.

Das Gillymaa-Mandala »Wattenmeer« dient dazu, umzudenken. Es schult die Menschen darin, wie mit der eigenen Energie und Kraft effektiv umgegangen werden soll. Die Menschen werden dazu angehalten, mit weniger angenehm zu leben, ohne dabei die Natur auszubeuten. Hinaus aus dem Konsum! Reduziere deinen Plastik- und Kunststoffverbrauch, reduziere deine Bequemlichkeit und hilf Aktivisten, die schon erfolgreich am Reinigungsprogramm arbeiten, um die Tiere im Wasser zu schützen. Bitte sorge dafür, dass nur energetisch saubere Nahrung, nachhaltige Textilprodukte den Weg in deine Wohnung finden. Die Erfahrungen haben gezeigt, welch großes zerstörerisches Ausmaß durch Eigennutz und Egoismus in der Welt entstanden ist, das kaum noch wiedergutzumachen ist.

Jetzt ist der Zeitpunkt, aufzuwachen: für alle, die dazu bereit sind. Vor allem hinschauen, was da passiert. Sieh die Ernte vergangener Handlungen, akzeptiere sie und erkenne an, dass du mitgewirkt hast. Schau: Was möchte anders sein? Und handle.

Die Zeit, das Ruder herumzureißen, ist jetzt. Ohne Wasser kein Leben, ohne die Säugetiere kein Leben, ohne die Kleinstlebewesen kein Leben, ohne die Luft kein Leben und ohne die Erde kein Leben auf der Erde. Das Gillymaa-Mandala »Wattenmeer« unterstützt die Bewusstwerdung eines jeden, der das Mandala bei sich trägt und der regelmäßig sein Wasser damit energetisiert und trinkt.

Es ist als Erdheilungsmandala einzusetzen, am Wattenmeer, auf den Inseln und an Stränden am Meer. Es aktiviert die Kleinstlebewesen im Wasser und an Land. Alles fügt sich zu einem harmonischen Ganzen und ergibt einen neuen Sinn und eine neue Ordnung.

Das Gillymaa-Mandala »Wattenmeer« soll an vielen Stellen an großen Gewässern und da, wo Ebbe und Flut sind, eingesetzt werden. Unterrichte die Menschen über das, was bald auf sie zukommen wird, wenn sie nicht umdenken und handeln.

9 Baumweisheit

Baumweisheit ist der Geist des Baumes, der Baumgeist, der alles weiß und alles ist, von den tiefen Ausläufern seines Wurzelwerkes bis in seine Krone

Das Gillymaa-Mandala »Baumweisheit« enthält das gesamte Wissen als Zeitzeuge der Erde. Die Baumweisheit hat Millionen von Jahren überdauert und fällt gerade der Unwissenheit und dem Egoismus der Menschen zum Opfer – in großem Maße.

Das Gillymaa-Mandala »Baumweisheit« nährt den Menschen mit Sauerstoff, lässt ihn atmen in jedem Moment. Der Baum ist die lebendige Gegenwart eines hohen Wesens, das alles kennt und alles weiß, da es älter ist als die Menschheit selbst. Die großen Baumriesen sind in Symbiose mit den Menschen, den Tieren und der Natur. Sie speisen den Trank der Götter und leben in Geduld und Nachsicht mit allen Wesen der Erde.

Die Menschen haben die Wertschätzung für die unterstützenden Eigenschaften der Bäume verloren und schlachten und verbrennen sie ohne Unterlass. Ihre Wurzeln und herrlichen Kronen werden entmachtet durch Rodungen und Monokultur. Von den Bäumen lernen wir alles darüber, wie die Natur in Symbiose und Mischkultur existiert. So wie die Bäume sich gegenseitig nähren und versorgen, so tue es ihnen gleich.

Das Gillymaa-Mandala »Baumweisheit« macht dich wach und klar. Es verbindet dich mit der Weisheit der Bäume und der Weisheit der Götter der Bäume. Schon lange sprechen die Bäume ihre Not aus über den Zustand der Erde. Durch Mangel an Nährstoffen und durch Umweltschmutz, Umweltgifte, auch radioaktive Strahlen, HAARP-Anlagen und vieles mehr. Das ist ein Trauerspiel und eine Entwürdigung für das gesamte Universum.

Das Gillymaa-Mandala »Baumweisheit« möchte dich erreichen in deinem Herzen, dich öffnen und bittet um Unterstützung jeglicher Art. All die kleinen Tiere, Insekten, Vögel und Wesen, die in den Baumkronen und im Wurzelwerk tief in der Erde ihre Heimat haben, sind außer sich, entwurzelt und abgelehnt. Und wie ist es mit dir in deinem Leben? Wo missachtest du dich selbst, Mensch? Wo und wie überhörst du die Not der Bäume und Wälder, der Natur, die dich am Leben erhält? Hast du eine innere Haltung für einen Neuanfang, eine komplette Transformation für alles Leben auf der Erde? Wie soll das Leben weitergehen, wenn die Baumriesen verschwunden sind?

Das Gillymaa-Mandala »Baumweisheit« verbindet Himmel und Erde, und es stellt die Sauerstoffzufuhr sicher. Die Bäume sind unsere besten Freunde und Geschwister. Sie haben die gleiche genetische Struktur, bis auf ein paar Kleinigkeiten, die den Unterschied herausstellen.

Das Gillymaa-Mandala »Baumweisheit« öffnet dein Bewusstsein für die genetische Struktur der Bäume. Es stellt die Verbindung her, mit ihnen zu kommunizieren um die Symbiose von Mensch und Natur zu heilen. Die Bäume sind wahre Heiler. Sie beleben die Plätze der Natur in ihrer ganzen Pracht und Liebe. Die Bäume nähren dich. Du bist beseelt von ihrer Schönheit und Heilkraft. Unterstütze die Bäume, liebe sie, umarme sie, damit sie weiterleben können.

Schütze die Bäume, die uns die süßen Früchte schenken, wo Insekten ihre Nahrung finden. Mensch lass ab davon, sie mit Giften zu besprühen, in der Annahme, dass es gut und nötig sei. Das Gillymaa-Mandala »Baumweisheit« öffnet deinen Kanal der Weisheit zu den Hütern der Bäume und der Sprache der Bäume. Darüber wird dein Mitgefühl für den Friedensprozess in der Welt und der Bäume aktiviert. Nimm ihre Botschaften dankend an. Du wirst sie hören und handeln.

(0 Lunge der Welt

Reinigende, ableitende und erneuernde Qualität
der universellen Liebe

Seit vielen Jahren wirkt Gillymaa mit Mutter Erde Hand in Hand. Sie wird immer wieder an Orte und Plätze geführt und von den Elementarwesen gerufen. Sie bitten Gillymaa darum, etwas zu tun, zu helfen, das Gleichgewicht und die tiefe Stille des Geistes wieder herzustellen. Denn sie wissen, das Gillymaa helfen kann: durch viele Inkarnationen, als Licht mit einem großen Heilkanal voller Liebe und Mitgefühl für alles Leben auf der Erde und in der Erde.

Das Gillymaa-Mandala »Die Lunge der Welt« ist auf der Insel Spiekeroog an der deutschen Nordseeküste entstanden. Es hat die Reichweite, eine ganze Stadt zu transformieren. Es ist entstanden aus dem tiefen Wunsch heraus, der Natur zu dienen und Möglichkeiten aufzuzeigen, die nachhaltig und selbstorganisierend sind.

Das Gillymaa-Mandala »Die Lunge der Welt« ist ein Mandala, das die Gifte in der Luft direkt umwandelt auf der feinsten Ebene, nämlich bei der Entstehung von schmutziger Luft, die Erde und Wasser mit Chemikalien vergiftet. Und somit auch uns.

Das Gillymaa-Mandala »Die Lunge der Welt« ist ein wichtiges Erdheilungsmandala an der Schwelle zum Goldenen Zeitalter. Es löst Elektrosmog auf, schleichende Gifte aus Fabriken, stinkende und giftige Dämpfe, die von der Industrie oftmals ungefiltert abgeleitet und verbrannt in die Atmosphäre strömen; verschleimte, verklebte und verschmutzte Himmelsgewölbe, die voll sind mit Giftmüll und Schwermetallen und kaum noch zu reinigen sind.

Der Mensch und die ursächliche Natur sind zum Sandwich geworden zwischen einer verseuchten Erde und einem verseuchten Himmel.

Das Gillymaa-Mandala »Die Lunge der Welt« wirkt auch für den Menschen als Lunge, die gereinigt werden möchte, um die Altlasten herauszufiltern, die dazu geführt haben, den Körper zu verseuchen: mit der verseuchten Luft, durch Schmutz und Chemikalien jeglicher Art, falsche Luftzufuhr, falsches Atmen und falsche Ernährung, die zusätzlich deine klaren Denkvorgänge behindern und den Körper und Geist schwer machen.

Das Gillymaa-Mandala »Die Lunge der Welt« ist für Menschen geeignet, die das Rauchen aufgeben möchten, kompromisslos und mit Einsatz und Freude, zur Regeneration der kleinen Kapillare und Luftbläschen. Das Gillymaa-Mandala »Die Lunge der Welt« ist ein großartiges Mandala. Es lässt dich Wunder erleben, da wo die Insekten und Kleinstlebewesen in der Natur ihr Zuhause haben. Setze es ein für die Erdheilung und dein eigenes Heil.

((Lichtsäule

Vereinendes Licht der Urquelle und Reinigung, Durchlichtung und Lichterhalt der universellen Intelligenz der Liebe

Das Gillymaa-Mandala »Lichtsäule« ist eine Lichtsäule. Sie hat die Kraft, aus sich selbst heraus das Licht leuchten zu lassen ohne Unterlass. Die Aufgabe besteht darin, Lichtsäulen zu installieren.

Das Gillymaa-Mandala »Lichtsäule« soll an Orten und Plätzen, in Häusern und Fabriken, Firmen und öffentliche Einrichtungen sowie in Schulen und Kindergärten installiert werden, da, wo Menschen sich treffen, um zu lernen, zu spielen, neue Möglichkeiten zu schöpfen und in der freien Natur.

Das Gillymaa-Mandala »Lichtsäule« ist reines göttliches Licht, jenseits von Dunkelheit. Es ist entstanden für die Stadt Berlin und die Außenbezirke, da, wo die erste Radiostation entstanden ist, die nunmehr den Menschen als Museum zur Verfügung steht.

Die dunklen Felder dieses Ortes wurden von Gillymaa mit den himmlischen Helfern im Licht transformiert und umgewandelt, so dass keine neuen negativen Bindungen entstehen können bei dem Erkunden dieses Platzes. Auch sind die Anhaftungen der angebundenen Seelen aus vergangenen Zeiten entfernt und ihrem neuen Energiefeld zugewiesen worden.

Das Gillymaa-Mandala »Lichtsäule« strahlt über Berlin, stellvertretend für andere Städte in Deutschland und darüber hinaus. Die Verbindungen vom Teufelsberg mit seinen dunklen unterirdischen Kanälen wurden abgeleitet und dem neutralen Energiefluss zugeführt, zur Neuausrichtung. Das ist die Arbeit mit dem Gillymaa-Mandala »Lichtsäule«. Es ist sehr kraftvoll und überdimensional wirksam. Es soll für die Erdheilung und den Bewusstseinswandel an Grenzgebieten, negativen Plätzen, Strahlenfeldern und in den entsprechenden Häusern aufgehängt oder installiert werden; auch auf Länder und Städtekarten in der Arbeit mit Gruppen.

Das Gillymaa-Mandala »Lichtsäule« ist ein Mandala zum bewussten Einsatz in Verbindung mit Menschen, die in der Lage sind, die Plätze zu finden und auszurichten: aus der Mitte heraus, aus dem Mittelpunkt des Platzes, des Themas, der Erde und so weiter.

Das Gillymaa-Mandala »Lichtsäule« hat die Aufgabe, Störfelder jeglicher Art zu durchlichten und neu auszurichten, um die Ganzheit des Lebens wieder in seiner ganzen Pracht und Schönheit herzustellen, da wo Disharmonien in großem Maße Energieverlust bewirken und bewirkt haben.

Die Freude des Lebens ist wieder hergestellt und strahlt aus deinem Lebensfeld in die Welt.

12 Lichtquelle

*Vitalität, freier Wille und freies Handeln, aus der Quelle reinen
Bewusstseins repräsentiert die Würde des Lebens*

Das Gillymaa-Mandala »Lichtquelle« aktiviert dein Energiepotential und
bringt es zum Leuchten. Es ist reine, freie Energie, welche dich darin
unterstützt, Vitalität, Leichtigkeit und Freude in dein Leben zu lassen, um
deine Projekte nach vorne zu bringen.

Das Gillymaa-Mandala »Lichtquelle« spendet Licht im höchsten Maße
und lässt die Quelle nicht versiegen. Es ist für die Insel Juist entstanden.
Es hilft dabei, Freude und Vitalität wiederherzustellen, um die Menschen
der Insel daran zu erinnern, was sie eigentlich für Schätze haben: im
Inneren wie im Außen. Das Gillymaa-Mandala »Lichtquelle« soll unter
anderem in der Erdheilungsarbeit eingesetzt werden, um die Elemente zu
harmonisieren, auszugleichen und in eine neue Ordnung zu bringen. Die
Aktivierung bewirkt Bewegung.

Diese wird gebraucht, um alte Schlacken und Erlebnisse vergangener
Zeiten aus dem Erdreich, dem Wasser, der Luft und dem Äther hinauszu-
spülen, was hilft, das alte Leid zu lindern und kompromisslos zu beenden.

Das Gillymaa-Mandala »Lichtquelle« wirkt gleichzeitig ausgleichend
auf deine Organe. Dazu gehören Nieren, Augen, Bauchspeicheldrüse,
Magen und die Fruchtbarkeitsorgane.

Außerdem ist im gesamten Luftraum über der Insel Juist und darüber hinaus ein großes Feld, wo sich die Seelen von Verstorbenen erholen und regenerieren, bevor sie in der geistigen Welt neue Aufgaben bekommen. Die Insel Jiust hat auch eine starke Verbindung zu Helgoland. Sie verbindet sich mit den Indianerstämmen der Vergangenheit, der Zukunft und Gegenwart. Juist ist eine heilende, lichtvolle Insel im geistigen Aufstieg.

Das Gillymaa-Mandala »Lichtquelle« durchflutet die Insel mit Licht und neutralisiert und transformiert: Moment für Moment. Die Insel Juist verbindet mit den Holländischen Antillen, Island, den Malediven, Neuseeland und Teilen von Amerika, Japan, Vietnam und Korea. Die Hüter der Insel sind die Delphine, die weiße Büffelfrau und Neptun.

Verteile das lichtvolle Licht von Juist und bringe es zu den Menschen.

13 Pan, der Naturgott

Ich bin das Ich-Bin. Ich bin der Pan, ich bin die Natur selbst.
Ich unterstütze die Qualität in dir, die Natur zu achten,
zu ehren, zu lieben.

Ich bin der Pan, bin Freund und Begleiter. Ich bin immer an deiner Seite. Gleichzeitig tausche ich meine unendlichen Erscheinungsformen so oft, wie meine Natur es vermag. Ich bin der Herr über alles und in allem.

Ich bin die Freude und der Humor, die Süße des Lebens. Ich bin die Elemente, die Sinne, der Atem, die Lust, die Liebe. Ich bin Körper, bin Zelle, bin das Universum. Ich bin das gebende und das nehmende Prinzip. Ich bin Fruchtbarkeit. Ich bin der Same, der alles enthält. Ich bin der Schlamm und die Lotusblüte. Ich bin das innere Kind in dir. Ich existiere immer und überall, durch alle Dimensionen.

Das Gillymaa-Mandala »Pan, der Naturgott« verbindet dich unmittelbar mit dem großen Pan, dem Naturgott, der Verfassung des Universums. Er weist dir den Weg.

Er wird sich dir zeigen, zu dir sprechen, sich bei dir bemerkbar machen; du bekommst ein Bild von ihm, so dass du weißt, dass er es ist. Du wirst mit ihm weinen und lachen. Seine Ersthaftigkeit, Strenge und sein großer Humor sind einzigartig.

Er wird dich in deinem Herzen ergreifen, so dass du tief bewegt bist von der großen Kraft und Liebe, die er dir schenkt. Deine starren Strukturen müssen weichen. Das Gillymaa-Mandala »Pan, der Naturgott« weckt in dir tiefes Mitgefühl für alle Lebensformen, sie zu erhalten und zu ehren, so wie es für einen entwickelten Menschen angemessen ist.

Liebe den Pan, liebe die Natur. Lass ihn in dir wirken. Lass dich führen von ihm und du bist zu Hause. Benutze das Gillymaa-Mandala »Pan, der Naturgott«, um dich mit den vielschichtigen Erscheinungsformen der Natur zu verbinden.

Das Gillymaa-Mandala »Pan, der Naturgott« nimmt dich liebevoll an die Hand. Wenn das geschieht, bist du schon in der Absicht und Führung gesichert, das der Pan dich führt. Er beseitigt alle Hindernisse , die auf dem Weg liegen, damit du wahre Heilung für dich und die Natur als die einzige Möglichkeit erkennst. Er unterstützt dich in allen Lebensbereichen, die dir die Natur näherbringen, um sie zu durchdringen und zu verstehen und mit ihr zu leben in ihrer Ganzheit.

Das Gillymaa-Mandala »Pan, der Naturgott« bringt dich ins Spüren und erweckt in dir höchstes Mitgefühl. Er ist dein Begleiter, sobald du dich für ihn entscheidest. Und es wird dir an nichts mangeln. Der Pan ist Fülle, Eins-Sein mit Gott und sprengt alle Grenzen.

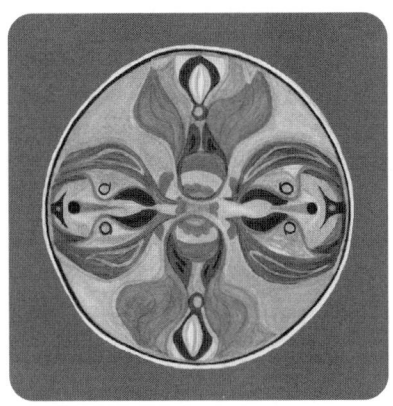

14 Tierschutz

Anerkennung, die Bereitschaft für die Tiere der Welt einzustehen,
sie zu achten und zu ehren, zur Ausbalancierung des
Weltbewusstseins und unserer geliebten Erde

Haustiere haben in unserer Gesellschaft nicht den Stellenwert eines vollwertigen Wesens. Sie werden oft dazu benutzt, die niederen Bedürfnisse des Menschen zu erfüllen, ohne Rücksicht auf das Seelenwesen.

Die Haustiere, besonders Katzen und Hunde, wollen sich nicht länger dem Menschen beugen. Jeglicher Missbrauch, etwa Strafen, Schläge, Folter, sexueller Missbrauch, Zwänge, Verniedlichung, unethische Züchtungen, sind lebensverachtende Maßnahmen. Dazu gehört auch, dass den Menschen antrainiert wurde, die Haustiere mit ihren Artgenossen zu füttern. Das entspringt einem kranken Geist und führt letztendlich zum Tod und Stillstand einer einst lebensbejahenden Zivilisation.

Das Gillymaa-Mandala »Tierschutz« öffnet die Herzen der Menschen für die wahre Liebe und das Mitgefühl. Das Gillymaa-Mandala »Tierschutz« umfasst das gesamte Thema Tiere, Haustiere, freilebende Tiere sowie unrechtmäßig gehaltene Tiere.

Tiere sind vollwertige Mitglieder unseres Planeten. Sie sind die Begleiter der Menschen. Sie helfen uns zu spüren, unsere Wahrnehmung zu verfeinern und auszubalancieren. Sie schenken uns Freude und beleben das Herz bei Kummer und Schmerz.

Das Gillymaa-Mandala »Tierschutz« verbindet den Menschen liebevoll mit dem Seelenwesen, das von dem jeweiligen Tier verkörpert wird. Es belebt in dir Liebe und Mitgefühl.

Das Gillymaa-Mandala »Tierschutz« hilft dir, das Wesen des jeweiligen Tieres besser kennenzulernen, seine Sprache und sein Anliegen zu verstehen. Immer mehr Menschen haben eigene Haustiere und lernen dabei, wieder die Liebe in ihr eigenes Leben zu lassen.

Das Gillymaa-Mandala »Tierschutz« öffnet ein Portal, das insbesondere dazu dient, das Quantenfeld für Tierkommunikation zu aktivieren. Es lässt die wahre Liebe neu entstehen und unterstützt den natürlichen Umgang mit Haustieren: sie zu achten und zu ehren in vollem Respekt und tiefer Dankbarkeit.

Mensch kehre um und hilf dabei, das Bewusstsein des Menschen für die Liebe zu Tieren zu öffnen, um ihre unnatürlichen Neigungen zu stoppen, die bleibende Schäden hinterlassen und ganze Tierarten ausrotten.

Das Mandala »Tierschutz« ist sehr effizient für die Tiere selbst. Stelle das Futter und das Wasser auf das Mandala und lege es mit in das Körbchen, wo dein Tier seinen Platz hat.

Benutze das Gillymaa-Mandala »Tierschutz« besonders in der Erdheilung an Orten und Plätzen, wo Tiere ihr Zuhause haben.

15 Wale und Delphine

Sie zeigen den Menschen, wie alle Wesen in Liebe miteinander,
nebeneinander leben können.

Wale und Delphine sind die Hüter der Meere und halten das Wasser in einem ausgewogenen Gleichgewicht. Sie wirken eng mit den Meistern, Engeln und anderen Hütern des Wassers, der Erde und der Luft im Verbund. Durch die Verunreinigung der Gewässer gerät der Lebensraum vieler Lebewesen in Gefahr, besonders der Wale und Delphine. Sie möchten in die inneren Reiche zurückkehren, wenn die Menschen nicht zur Umkehr bereit sind. Der Mensch braucht oft noch eine Holzhammermethode, um zu begreifen, dass er sich selbst und seinen Lebensraum zerstört.

Bis heute werden die Wale und Delphine in Massen an vielen Plätzen der Erde abgeschlachtet. Die schönsten Tiere werden für teures Geld an Delphinarien verkauft, wo sie unsagbares Leid erfahren.

Die anderen werden zum Verzehr angeboten. Das Bewusstsein für Fischfang war in früheren Zeiten noch in einer natürlichen Ordnung. Er war etwas für die Menschen, die an den Küsten leben und auf Fische als Nahrungsquelle angewiesen sind.

Die Fischerei beschränkt sich nicht nur auf Kleinfische, sondern sie quält und demütigt große Fischarten, wozu auch der Schwertfisch, Thunfisch und der Hai gehören, außerdem Säugetiere wie Wale, Delphine und Tümmler.

Die Menschen sind dem Irrtum verfallen, mehr zu brauchen, als sie brauchen, schneller und schneller zu verbrauchen, was Leben erhält. Sie sind zu einer Wegwerfgesellschaft entartet ohne Skrupel. Das werden die Delphine und Wale nicht länger hinnehmen. Sie werden das Feld räumen. Und das ist in Ordnung.

Viele Menschen haben bis heute nicht verstanden, wie sie den Wesen in der Natur mit Liebe und Achtung begegnen können. Sie wissen oft nicht, wie es geht, Tiere mit Liebe und Respekt zu behandeln, da sie möglicherweise selbst keine Liebe bekommen haben. Sie haben keine Verbindung mit der eigenen Göttlichkeit und mit der Natur.

Das Gillymaa-Mandala »Wale und Delphine« ist reine Herzenskraft. Es hilft dabei, dass die großen Wasserwesen ihren neuen Platz einnehmen können. Sie blicken auf die inneren Reiche, wo sich ihre Art sicher und geborgen fühlt. Nur dort kann sich ihr Körperbewusstsein regenerieren. Die gesamte Schwingung der Wale und Delphine erhöht ihre DNS, im Einklang mit den göttlichen Harmonisierungs-Programmen. Sie kommen als Hüter der großen Gewässer und Ozeane zurück.

Sie passen sich der Neuen Erde an.

Gestärkt mit ihrer neuen DNS können sie dann der Neuen Erde in Liebe weiter dienen. Dies ist eine Chance für die Menschen, Fehler, die sie gemacht haben, nicht zu wiederholen.

Das Gillymaa-Mandala »Wale und Delphine« ist für die Wale und Delphine, die in der Qualität des Goldenen Zeitalters willkommen sind. Die genetische Struktur ist geschützt und eingefroren, zum Neuanfang bereit. Kein Tropfen der Liebe geht jemals verloren. Die Wahrheit ist immer sichtbar, auch für dich, der du selbst gesehen werden möchtest.

Das Gillymaa-Mandala »Wale und Delphine« ist ein großes Erdheilungsmandala für die Transformation der Erde. Das Gillymaa-Mandala ist auf der Insel Sylt entstanden und mit donnerndem Getöse und einen Hurrikan über der Nordsee auf die Erde gebracht worden. Es ist ein wahrer Schatz für dich, dich zu läutern und umzukehren, dahingehend, keinem lebenden Wesen erneutes Leid zuzufügen oder daran beteiligt zu sein.

Das Gillymaa-Mandala »Wale und Delphine« schenkt dir Zuversicht, Freude und Vertrauen in der Bereitschaft, dich der Welt neu zu offenbaren im Hier und Jetzt. Das Gillymaa-Mandala »Wale und Delphine« bringt dich nach innen, um deine inneren Reiche neu zu erkunden und um deinen Raum neu zu erspüren und was jetzt im Moment für dich wichtig und richtig ist. Du bist mit allen Gaben ausgestattet. Fühle und handle. Sei authentisch in deinen Aussagen und handle. Richtiges Handeln ist jetzt wichtiger denn je. Die Wirkung lässt nicht lange auf sich warten. Du bist gestärkt und wirst erwachen. Erkunde deine inneren Reiche. Fühle und handle!

Wie für die Hüter der Meere sich die Wirbelsäule erneuert und verstärkt, wird sich auch für dich die Wirbelsäule neu aufrichten und gestärkt werden. Das ist das Hauptanliegen dieses Mandalas. Es fördert das Bewusstsein der Menschen durch Erkenntnis, tiefe Liebe und Hingabe zur Urquelle zurückzufinden, um deinen Transformations-Prozess zu beschleunigen.

So wie es die Wale und Delphine nicht länger hinnehmen und in die inneren Reiche gehen, so wird es auch mit den Menschen sein. Viele von ihnen werden zurückgehen, um sich für ihre neue Aufgabe vorzubereiten: Mit einem geklärten höheren Bewusstsein und einer neuen Menschenstruktur, die alle Wesen achtet und ehrt, vor allem sich selbst, werden sie eine neue Ordnung auf der Erde schaffen.

Nimm deinen heiligen neugewonnenen Platz ein, der größer ist, als du es von dir erwartet hast. Wachse über dich hinaus. Gehe nach vorne und zeige den Menschen, wie die Naturgesetze funktionieren, wie alle Wesen in Liebe miteinander, nebeneinander leben können, in einer friedvollen Gesellschaft. Gehe als Bewusstseins- und Erdheilungswesen voran. Die aufgestiegenen Meister, Hüter, Helfer und Helfershelfer stehen dir zur Seite und leuchten dir den Weg. Finde die Erdenengel, die mit dir Seite an Seite wandeln, mutig, in Liebe und Dankbarkeit an das Leben. So sei es.

Das Gillymaa-Mandala »Wale und Delphine« lädt dich ein, dich mit Gillymaa und ihrem Team zu verbinden, um deine Möglichkeiten und deine Aufgabe zu kreieren.

Stelle dein Wasser auf das Gillymaa-Mandala und trinke regelmäßig davon. Hänge es an vielen Stellen auf, von denen du weißt, dass es nicht abgenommen wird. Besonders in der Nähe von Wasser, der Ozeane und Meere. Du bist gesegnet für deine Arbeit. Bitte empfehle es weiter.

16 Seehunde und Robben

Schwimmende, schwingende Herzen im Überfluss
der dienenden Liebe

Das Gillymaa-Mandala »Seehunde und Robben« ist am Strand der Insel Helgoland entstanden, wo sich die Seehunde und Robben aufhalten. Hier kannst du mit ihnen zusammen schwimmen. Sie sind sanftmütig und hingebungsvoll.

Das Gillymaa-Mandala »Seehunde und Robben« bringt dich den großen Seewesen näher. Von ganz nah kannst du sie sehr schön beobachten, wie sie sind. Sie vermitteln dir Gelassenheit und Freude in dem Bewusstsein von Vertrauen und Annehmen. Es verstärkt deine Emotionen im Spüren der Robben und Seehunde.

Die Seehunde und Robben zeigen dir, wie angenehm und einfach dein Leben sein kann. Sie sind dazu da, dir Freude zu bereiten. Sie zeigen dir, dass innere Gelassenheit und Vertrauen segensbringend sind.

Das Gillymaa-Mandala »Seehunde und Robben« repräsentiert die lebendige Liebe und die vollständige DNS ihrer Art, in ihrer ausgeglichenen und harmonisierten Form. Sie leben in ihrem Inneren und nehmen sich dabei immer selber mit.

Auch hier gibt es ein weinendes Auge, das sieht, wie die niedlichen Kegelrobben heimlich getötet werden, zu Waren weiterverarbeitet werden, sie zum Verzehr benutzt werden. Tierschützer wissen das und sind hier sehr aktiv. Wenn du bereit bist, findest du hier deine Berufung in der Aufzucht von Robben und Seehunden.

Das Gillymaa-Mandala »Seehunde und Robben« unterstützt deinen Aufwachprozess im Hier und Jetzt, am Tor zum Goldenen Zeitalter. Es unterstützt dich darin, deine alten Wunden zu heilen. Jetzt, jetzt und wieder jetzt. Seehunde und Robben geben ein gutes Beispiel ab für den Menschen, sich zu entspannen, sich die nötige Ruhe zu geben, sich richtig zu ernähren, um mit Freude durchs Leben zu gehen. Die Seehunde und Robben sind für das biologische Gleichgewicht der Meere wichtig, so wie auch die Delphine und Wale. Diese wunderbaren Wasserwesen erfreuen das Herz der Menschen, werden von ihnen geliebt und bewundert, weil sie sich um nichts kümmern, außer um sich selbst.

Das Gillymaa-Mandala »Seehunde und Robben« enthält für den Aufbau und Erhalt der menschlichen Struktur energetisch wichtiges Bor und essentielle Fettsäuren. Seehunde und Robben verletzen sich leicht an den scharfen Kanten von Steinen im Meer. Sie legen sich dann auf eine Algenart, die am Strand angeschwemmt wird. Sie ist sehr borhaltig und sorgt dafür, dass die Wunde schnell heilen kann.

Robben und Seehunde können sehr tief tauchen, ohne Luft zu holen. Sie sind Meistertaucher und dafür ausgerüstet, viel Sauerstoff zu speichern, um lange Tauchgänge zu bewältigen. Sie tragen den Sauerstoff im Blut und Muskeln mit sich. Manche Robbenarten können eine Stunde lang und 1000 Meter tief tauchen. Dazu müssen sie ihren Stoffwechsel radikal anpassen.

Nimm das Gillymaa-Mandala »Seehunde und Robben« und lass dich inspirieren und nähren, indem du dein Trinkwasser regelmäßig auf das Mandala stellst und trinkst. Mensch, schaue auf dich, lerne von den Robben und Seehunden. Spüre die Liebe zur Natur und zu den Tieren, lasse dein Herz erweichen, dann handle.

Begegne den Seehunden und Robben an den Küsten und nimm das Mandala mit. Verbinde dich mit Erdhütern und Menschen, die genau zu deinem Auftrag passen, und setzt gemeinsam neue Impulse zur Erhaltung der Weltmeere und Ozeane. Das Gillymaa-Mandala »Seehunde und Robben« unterstützt dich mit den Hütern des Wassers und den Elementarwesen zu Wasser und Land.

17 Atlantische Kühe und ihre Artgenossen

Mutter Kali, erwecke in mir tiefstes Mitgefühl,
um die Tierwelt zu erhalten.

Ethik und Mitgefühl sollen dein Herz erweichen! Das Gillymaa-Mandala »Atlantische Kühe und Artgenossen« erweckt in dir höchstes Mitgefühl für alles Leben, für den gesamten Schöpfungsprozess.

Die Kühe verkörpern den mütterlichen Aspekt auf der Erde am stärksten – und sie werden zurzeit noch getötet in der Welt in Massen, um die irregeleiteten und entarteten Menschen glauben zu machen, sie bräuchten das Fleisch, um leben zu können. Welch eine Schmach im gesamten Universum.

Das Leben auf ein Minimum zu reduzieren, vor allem die Sinneslust zu steigern und die Lust am Töten: Das taten die Menschen auch schon in der Endzeit von Atlantis. Da sind viele Techniken entstanden, die Leben versklaven, misshandeln und auslöschen. Beim Essen von Fleisch wirst du mit der Angst, getötet zu werden, infiziert. Das, was du anderen angetan hast, kommt auf dich zurück.

Das Gillymaa-Mandala »Atlantische Kühe und Artgenossen« bezieht sich auf alle anderen Tierarten, die dazu benutzt werden, den Fleischkonsum zu fördern. Es transformiert deine Ängste, indem du aufhörst, das Fleisch von getöteten Tieren zu essen. Setze deine Liebe zur Erhaltung der geschundenen Tierwelt ein, besonders für die leidenden Kälber und Kühe, die Babys und Kinder. Lass dich berühren! Schau in die Augen dieser Wesen und ihrer Artgenossen. Dann kehre um und lasse dein tiefes Mitgefühl und deine tiefe Liebe in dein und ihr Herz fließen – zur Freude der Schöpfung.

Verbinde dich mit dem Gillymaa-Mandala »Atlantische Kühe und Artgenossen« und erwache aus dieser Illusion, dass du das Fleisch zur Nahrungsaufnahme brauchst. Mache dir bewusst, wer du bist, was du bist und was du sein möchtest: nämlich eine unsterbliche Seele in einem unsterblichen Körper. Du wirst auf der Erde gebraucht! Nutze deine Zeit auf der Erde!

Wirke als Wohltäter, als Friedensbringer: für die Natur, für deine Mitmenschen und für die wunderbare Tierwelt, die dir dient ohne Unterlass, um damit dein Leben hier auf der Erde zu sichern.

Das Gillymaa-Mandala »Atlantische Kühe und Artgenossen« stärkt deine Willenskraft und den Mut, umzukehren. Dein Widerstand erwacht. Spüre, was es bedeutet, abgeschlachtet zu werden; das ist die Ursache jeglicher Angst. Du wirst deinen Fleischkonsum aufgeben, konsequent und mit Freude. Als Vorbild für die noch blinden Menschen.

Gib alles, was du geben kannst, um die gesamte Schönheit durch dich hier auf der Erde zur Erfüllung zu bringen. Schaue deiner tiefen Angst, zu töten und getötet zu werden, ins Auge. Dann handle.

Bedenke, dass jedes Tier, das noch so gut behandelt wird im Leben, letztendlich auf der Schlachtbank landet. Ethik und Mitgefühl sollen dein Herz erweichen. Kühe sind Mütter. Liebe sie.

Das Gillymaa-Mandala »Atlantische Kühe und Artgenossen« wirkt über die 16. Dimension hinaus, in der aufsteigenden Spirale im Tor des Goldenen Zeitalters, jenseits von Leid. Es ist aufgeladen mit dem Mitgefühl von Mutter Kali, Mutter Maria, Pan, dem Naturgott, Meister Lanto und Konfuzius, mit dem gesamten Wissen über die kosmischen Gesetze des Universums.

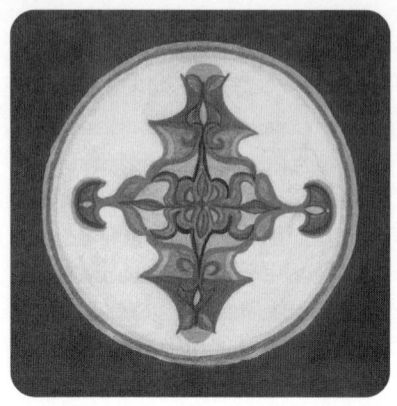

18 Elementarwelten

Reinigende, transformierende Kraft der Universellen Liebe

Das Gillymaa-Mandala »Elementarwelten« belebt die Elementarwelten, Sylphen, Nymphen, alle Wasserwesen, Waldwesen, Feen, Salamander, Drachen, Baum- und Hauswesen in der antiken Energie. Die Energien werden aufgemischt, um in eine neue und höhere göttliche Ordnung zu kommen, in eine natürliche transformierende, freilassende, kosmische Energie.

Das Gillymaa-Mandala »Elementarwelten« bewirkt eine Sauerstoffanreicherung und Neuordnung der Elementarwelten. Die Regeneration von Mooren und Tümpeln wird beschleunigt. Unlautere Seelen, Poltergeister, Hauswesen und Hausgeister werden besänftigt und zur Neuordnung ihres eigenen Evolutionsprozesses gefördert.

Das Gillymaa-Mandala »Elementarwelten« wirkt darin, verschmutzte, sauerstoffarme Tümpel und Teiche zu erneuern und zu neutralisieren; ebenso dort, wo Teiche und kleinere Gewässer verklebt, anscheinend tot und Kleinstlebewesen verkümmert sind und ihre Arbeit nicht mehr tun können, desgleichen bei sauren Böden in Gärten.

Das Gillymaa-Mandala »Elementarwelten« regeneriert Plätze, wo Ungeziefer, Läuse, Wanzen, Kakerlaken und andere unliebsame Hausbewohner sich eingenistet haben. Sie werden im großen Ganzen als göttliche

Wesen gesehen, die durch das Ungleichgewicht vermehrt auftreten und gesehen werden wollen, als Hinweis auf unsere vergangenen Handlungen. Ungeziefer taucht nur da auf, wo Menschen vermehrt Dreck im Innen und Außen produzieren, ohne sich Gedanken über die Folgen zu machen. Sie verlieren den Überblick, ihr Unterscheidungsvermögen und sind dem dann hilflos ausgeliefert. Das ganze Außmaß wird jetzt am Tor zum Goldenen Zeitalter sichtbar und nimmt Fahrt auf.

Kleinstlebewesen sind im Erdboden millionenfach vorhanden und sind die Nährstoffe und Mikroorganismen zur Erhaltung eines gesunden Bodens und des Menschen auf dem Planeten Erde. Insekten und Kleinstlebewesen brauchen ihren angestammten Platz, um wirken zu können. Chemikalien und Gifte verbannen diese. Sie bilden Eingangspforten für Erreger, Parasiten, Viren und andere manipulative Kleinstlebewesen, die dann zu Pandemien und Seuchen führen können.

Das Gillymaa-Mandala »Elementarwelten« macht Feuchtigkeit im Keller und Wohnraum durch einer Gillymaa-Mandala Installation trocken. Benutze das Gillymaa-Mandala zur Freude und im Dienste der Natur für ein neues Bewusstsein; auch einzusetzen in Laboren, die Tierversuche und Versuche mit Viren und Bakterien machen und weiteres.

Das Gillymaa-Mandala »Elementarwelten« ist ein Wächter an der Tür, um dir bewusst zu machen, wo du stehst und wo du wirken willst in deinem Leben: mit oder ohne die Natur.

19 Ra und Surya – Harmonisierung der Sonnenaktivität

Dynamische, ausgleichende, aufbauende Energie natürlicher Sonnenaktivität im Universum

Das Gillymaa-Mandala »Harmonisierung der Sonnenaktivität« repräsentiert die Macht des Sonnengottes Ra und die wärmende Herzensliebe von Surya. Das Gillymaa-Mandala »Harmonisierung der Sonnenaktivität« ist eines der wichtigsten Mandalas, das zur Verfügung steht. Es harmonisiert die Sonnenaktivität da, wo sich Störfelder in Form von Haarp, künstlichen Intelligenzen, gemischt mit chemischen Stoffen und organischem Material zeigen, die unsere Sonnenaktivität stören und den Himmel verdunkeln.

Das Mandala »Harmonisierung der Sonnenaktivität« ist ein großes Gillymaa-Mandala zur Heilung. Es soll großräumig in der Natur eingesetzt werden. Die Sonne wird in Kürze ihren neuen Platz vollständig in der neuen Energie des Goldenen Zeitalters einnehmen. Sonneneruptionen sind nicht auszuschließen.

Die Sonne als Repräsentant von neuem Bewusstsein ist als Lebensspender und Erneuerer ein bewegender Stern, der das reine Sein zu den Menschen bringt. Es wird einen Phasensprung geben. Es ist eine sanfte Angelegenheit, die den wahren Menschen hervorbringt, im Licht der gleißenden Sonne der Liebe.

Das Gillymaa-Mandala »Harmonisierung der Sonnenaktivität« hat eine dynamische und aufbauende Energie. Es baut die Energiefelder seiner natürlichen Umgebung um und reflektiert sie.

Die Sonnenaktivität ist ein wichtiges Thema, von dem die weitere Existenz allen Lebens abhängig ist. Die ursächliche Natur ist ausgewogen. Natur in Harmonie und ausgewogenem Gleichgewicht in und für die Natur im gesamten Universum ist die Grundlage zum Fortbestehen einer gesunden Erde in einem gesunden Universum.

Das Gillymaa-Mandala »Harmonisierung der Sonnenaktivität« bildet neue Lichteinheiten aus, die für die Umgebung reine und klare Botschaften aussenden; in der Stratosphäre, im Oriongürtel, im Plejaden-Raum, in der Umlaufbahn der Erde, im Ozon-Spektrum, im Sirius- und Milchstraßensystem und im Magnetfeld der Erde. Zur Ausbalancierung der kosmischen Strahlung wird auf Anweisung der Göttlichen Weisheit und der Planetenhüter ein neues starkes Energiefeld für das Rettungsprogamm hergestellt.

Damit kein Notstand an Licht eintritt, ist es notwendig, dass die Gifte und Schwermetalle um die Sonne herum transformiert werden und im Licht der göttlichen Gnade und Hingabe an den Sonnengott Ra und den weiblichen Aspekt von Surya bedingungslos hineinfließen können.

Das Mandala »Harmonisierung der Sonnenaktivität« ist ein kraftvolles Mandala, das in der Erdheilung genutzt werden soll. Es kann in Gillymaa-Mandala-Installationen eingefügt und an Orten und Plätzen in Rituale mit eingebunden werden.

Ra und Surya sind reines Sein, meisterhaft und grenzenlos. Es hat die Qualität von unterschiedlichen Lichtfrequenzen der göttlichen Gegenwart und das Feuer der Seele, das auch dir hilft, dein Leben vollständig zu transformieren. Das Mandala »Harmonisierung der Sonnenaktivität« wirkt bis in die 19. Dimension.

Das Gillymaa-Mandala »Harmonisierung der Sonnenaktivität« unterstützt die natürlichen Menschen im spirituellen Wachstum und bringt sie auf ihren Weg zur Erfüllung, zur Freude der Schöpfung.

20 Golfstrom

Der Golfstrom durchzieht die Gewässer der Erde.
Gleichgewicht entsteht.

Der Golfstrom schreibt Geschichte. Das Gillymaa-Mandala »Golfstrom« steht für einen wichtigen Strom, der für das Gleichgewicht der Erde und der großen Gewässer zuständig ist. Die angemessene Wassertemperatur und der Ausgleich von Salz und Süßwasser ist für das biologische Gleichgewicht unerlässlich. Kleinste Abweichungen verändern es bedrohlich für Mensch und Tier. Das Gillymaa-Mandala »Golfstrom« ist großartig in seiner Kraft. Der Golfstrom ist dabei, seine Richtung zu ändern. Das ist eine Gefahr für die gesamte Menschheit und alle Lebewesen auf der Erde, im Wasser und in der Luft.

Das Gillymaa-Mandala »Golfstrom« ist auf der Überfahrt von Helgoland nach Cuxhaven entstanden, als Gillymaa unverhofft die Info bekam: »Male das Mandala Golfstrom. Es ist wichtig und essentiell zur Erhaltung eines gesunden Wasserklimas.«

Benutze das Mandala »Golfstrom« dazu, es an alle erdenklichen Stellen zu bringen, die am und im Wasser liegen. Sei es an der deutschen Nordseeküste, im Atlantischen Ozean, im Pazifik, auf den Inseln, aber besonders an den Küsten. Das Mandala hilft dabei, dass der Golfstrom nicht stehenbleibt. Es sorgt dafür, dass der Golfstrom in seiner optimalen Bewegung (Schwingung) bleibt.

Gleichzeitig werden die großen Gewässer von den Schwermetallen befreit und transformiert, mit dem Licht der göttlichen Gegenwart. Das Gillymaa-Mandala »Golfstrom« löst gebundene Altlasten im Meer. Dazu gehören alle Schwermetalle wie Blei, Quecksilber, Kadmium, Arsen, Palladium, auch radioaktive Strahlung und mehr. Durch den neu gewonnenen Freiraum entsteht ein Vakuum, und darin bildet sich alles neu. Kleinstlebewesen und Elementarwesen können wieder ihre Arbeit aufnehmen.

Die Schwermetalle verstoffwechseln sich durch sich selbst. Sie werden in kleinste Teilchen gespalten und zu guter Letzt im göttlichen Licht transformiert. Das Mandala ist absolute göttliche Gnade und ein Werkzeug der neuen Zeit. Reines Wasser erhebt sich aus dem verunreinigten Wasser aus sich selbst heraus. Aufgestiegene Meister, Engel und Elementarwesen beschleunigen diesen Prozess. Es wirkt weit in die neue Zeit und lockert die verklebten und vergifteten Flüssigkeiten, entfernt die Vernarbungen, Verhärtungen und Fehler-Codes im Gehirn der Menschen und in den Politikern, damit Klarheit, Menschlichkeit und Bewusstsein in ihm entstehen kann.

Das Gillymaa-Mandala »Golfstrom« berührt dich im Inneren deiner Seele. Du spürst, dass etwas zu Ende geht, sich drastisch verändert. Und du spürst und weißt es auch, dass du selbst dazu beigetragen hast, dass es passiert. Du hast diesen Blick, der in die Ferne schweift, und siehst, was passiert. Eine neue Welt entsteht am Tor zum Goldenen Zeitalter. Trage dazu bei als Erdheilerin. Lasse dich ausbilden, um darin kraftvoll zu handeln und zu erwachen. Du bist nicht machtlos: Du kannst etwas tun. Tue es!

21 Harmonisierung der tektonischen Platten

Gottes Liebe ist unendlich, die erhabenen Meister selbst sind die Hüter der Schwelle in die 19. Dimension.

Das Gillymaa-Mandala »Harmonisierung der tektonischen Platten« ist ein starkes Erdheilungsmandala zur Ausbalancierung der tektonischen Erdplatten. Es greift wie Zahnräder in die ureigene Struktur ein und bringt die Erdplatten in eine harmonische Schwingung, so dass sie sich leicht und sanft ausdehnen können, um ihren neuen Platz einzunehmen, mitsamt den Energiebahnen in der Erde.

Das Gillymaa-Mandala »Harmonisierung der tektonischen Platten« ist wie ein Weichmacher, der das zum Teil starre Umfeld aufweicht, geschmeidig macht. Die Eigendynamik der Erdmagnetschwingung ist so abgestimmt, dass es sich so ausdehnen kann, dass keine tiefgreifenden Erschütterungen die Menschen in die Tiefen der Erde und des Wassers treiben können.

Das Gillymaa-Mandala »Harmonisierung der tektonischen Platten« ist entstanden aus dem Ur - Wissen der alten Reiche, die unter dem Namen Lemurien bekannt sind. Die verschiedenen Erdschichten greifen wie Zahnräder ineinander und schwingen sich so lange aus, bis sie wieder den Punkt erreicht haben, der eine unverwundbare, ganzheitliche Ausrichtung mit allen Linien im Naturreich hat.

Das Gillymaa-Mandala »Harmonisierung der tektonischen Platten«
beschwichtigt die Hüter der Vulkane, es beruhigt das Feuer der Zerstörung im Erdinneren und bewahrt den Menschen mitsamt seiner umge-
benen Natur vor dem totalen Zusammenbruch. Es greift da, wo men-
schengemachter Missbrauch und Ausbeutung in der Natur vorherrschen.

Das Gillymaa-Mandala »Harmonisierung der tektonischen Platten«
verbindet mit Nepal, dem Himalaya, den Osterinseln, Peru, Chile, der
Arktis und Antarktis, Berg und Waldgebiete in Europa, dem tiefen Inneren der Erde bis zum Magma.

Es umfasst alle wichtigen Erdplatten, wie Afrika, Iran, Amerika, Austra-
lien, Indonesien. Eine Säule des Lichts aus der Einheit der Schöpfung
kommend, verbindet es dich mit dem großen einen Geist der göttlichen
Gnade und mit White Eagle, dem Hüter der Schwelle.

22 Bienen und Hummeln

Sie sind die Grundlage unserer Nahrungskette und bedürfen des
Schutzes der Menschen.

Bevor der Mensch die Welt bevölkerte, war diese vollkommen im Einklang mit ihrer eigenen Natur. Sie war und ist überaus nährend wie ein liebendes Mutterherz, mit all ihren Eigenschafften, Leben zu erhalten im Rhythmus der Gezeiten. Der kreative Mensch, wissbegierig und experimentierfreudig, konnte sich nicht damit zufriedengeben, dass allem, so wie es ist, einer göttlichen Ordnung zugrunde liegt. Ein unstillbarer Hunger wollte immer mehr und mehr, schneller und schneller durchdringen, verbrauchen, missbrauchen, was Leben erhält.

Dem Geld und dem Konsum verfallen, schreitet er nicht mehr leichtfüßig über die paradiesgleiche Erde. Er steckt im Schlamm schon lange, metertief. Und nun, wie geht es weiter? Das verzerrte Bild von Leben umzukehren in Wohlwollen, im neuen Liebestaumel, zurückzukehren zur dienenden Natur. Jetzt ist die Zeit. So gibt es sie auch, die Menschen, die verstanden haben, dass sie sich selbst zerstören und ihren Lebensraum: schon lange auf dem Weg der inneren Einkehr der Natur dienend, in tiefer Liebe, Moment für Moment; Hilfe gebend in Zeiten der Not.

Die Bienen und Hummeln mögen uns ein Beispiel sein. Durch sie wird die Schöpfung verständlich. Da braucht es nicht viel. Überaus effizient heilsam, nährend, dem Menschen zugeneigt, sind sie dienend, ihm jede Nahrung zu präsentieren, um sein Leben zu erhalten.

Der Notruf der Bienen ist auch bei Gillymaa angekommen. Sie berührten Gillymaa in ihrem Herzen und baten sie darum, dringend etwas zu tun. Und so tat sie, was sie immer tat. Sie malte ein heilendes Bild, ein Mandala, nur für sie. Mit gottgesegneten Kräften erstrahlt nun dieses Mandala, mit dem Namen »Bienen und Hummeln«. Es wurde noch eins hinzugegeben: das Gillymaa-Mandala »Lunge der Welt«. Es ist ein Mandala, das die Gifte in der Luft direkt umwandelt auf der feinsten Ebene, nämlich der Entstehung von schmutziger Luft, die mit Chemikalien die Erde, das Wasser, die Luft vergiftet – und somit auch uns. Das Gillymaa-Mandala »Lunge der Welt« kehrt den Prozess um und unterstützt dabei die Bienen und Hummeln, damit sie unversehrt ihren Dienst an der Natur und dem Menschen fortführen können in Maßen. Unterstütze die Bienen und Hummeln auf deine Weise.

Der Frühling öffnet seine Pforten. Das kleine Bienenvolk und andere Insekten sammeln sich und machen sich bereit für den Zyklus der Bestäubung der Pflanzen und Früchte. Sie sind voller Aufregung und Freude, ihren Einsatz zu starten, um die Nahrung für uns Menschen für ein Jahr sicherzustellen. Ihr Immunsystem wird gestärkt.

Deine Präsenz, deine Liebe und Aufmerksamkeit für die Bienen und Hummeln ist glorreich und schafft Bewusstsein. Das Gillymaa-Mandala »Hummeln und Bienen« unterstützt die Bienen und Hummeln kraftvoll aus dem reinen Bewusstsein der göttlichen Gnade. Die innere Verbindung von Mensch und Natur wird hergestellt.

Für die Hummeln und Bienen: Ihr kleiner Körper bekommt eine Schutzhülle, die strahlt und voller Licht ist. Die Bienen und Hummeln entwickeln eine neue größere Ordnung, die es ihnen ermöglicht, Bakterien, Viren und Milben abzuschütteln. Die Bienen müssen nicht aussterben, da sie Aufmerksamkeit bekommen, gewollt sind, beachtet werden, geliebt werden. Und wer die Bienen liebt, liebt auch sich selbst. Die Luft reinigt sich und transformiert sich, da wo die Bienen sind. Chlorophyll entsteht, da der Sauerstoffaustausch neu entsteht.

23 Befruchtung der Wüsten

Kraft, Weisheit, Stärke, erneuernde und aufbauende Präsenz durch Neptun und die Einhörner

Das Gillymaa-Mandala »Befruchtung der Wüsten« repräsentiert die harmonisierende Kraft der fließenden Gewässer, der sprudelnden Quellen und des Wetters. Neptun ist der Hüter, die göttliche Intelligenz der großen Gewässer, der Ozeane und der Meere. Er leitet alles Leben in den Gewässern. Die Macht Neptuns regiert in der Übergangszeit zum Goldenen Zeitalter. Er wirkt zusammen mit den Einhörnern weit in die Neue Zeit.

Das Gillymaa-Mandala »Befruchtung der Wüsten« verbindet das Wasser mit der ausgedörrten Erde. Es bringt augenscheinliches Brachland zum Blühen – also Land, von dem bekannt ist, dass dort nichts oder wenig wächst.

Das Gillymaa-Mandala »Befruchtung der Wüsten« stellt das biologische Gleichgewicht der Elemente wieder her. Es unterstützt die selbstregulierenden Kräfte der Natur. Das betrifft besonders alle Wüsten dieser Erde. Wasser bringt alles zum Wachsen, und die Wasservorräte der Unterwelt sind groß. Es stellt sicher, dass kein Leben auf der Erde jemals verlorengeht. Die Zeit der Befruchtung der Wüsten steht bevor und wird sich in seiner ganzen Pracht präsentieren.

Die Einhörner unterstützen die Menschen darin, ihren wahren Träumen den Raum zu geben, um zur Erfüllung zu kommen. Sie bringen Licht in die Dunkelheit der leidenden Seele des Menschen und eröffnen ihm die Schönheit seiner Natur. Sie helfen ihm, neue Ebenen des Bewusstseins zu erschließen, sein Leben zu befruchten mit all seiner Schönheit und der Schönheit der Erden- und Himmelreiche.

Das Gillymaa-Mandala »Befruchtung der Wüsten« gibt dir Visionen, Bilder von Schönheit und innerem Reichtum von Einheit und Erleuchtung auf der Erde, um sie in vollem Umfang zu leben.

Das Gillymaa-Mandala »Befruchtung der Wüsten« wirkt seiner Zeit voraus und öffnet die Kanäle für unbegrenzte Möglichkeiten. Ein harmonisches Leben mit einem warmen Herzen, gemeinsam mit Mensch und Tier.

Das Gillymaa-Mandala »Befruchtung der Wüsten« aktiviert die Wasserquellen und verbindet das Wasser mit der ausgedörrten Erde, es macht die Wüsten fruchtbar und bringt Licht in die Dunkelheit der leidenden Seele. Das Gillymaa-Mandala »Befruchtung der Wüsten« führt dich in höhere Bewusstseinsebenen und macht dein Herz warm und weich.

24 Umkehrung gentechnisch veränderter Zellen

Höchstes Wissen aus der Datenbank des Universums

Das Mandala »Umkehrung von gentechnisch veränderten Zellen« ist entstanden aus dem tiefen und komplexen Wissen und Verstehen heraus. Im Aufbau der biologischen Struktur in seiner reinen Form, in den verschiedenen Unterrichtseinheiten wirkt es im geistigen Schulungssystem der Erde mit. Es ist reine göttliche Gnade.

Hierbei geht es darum, eine neue Realität zu erschaffen, die zur Erhaltung der natürlichen Lebensformen der Spezies Mensch entwickelt wird, damit die Nahrungsaufnahme in Zukunft gewährleistet ist.

Jeder, der sich mit seinen Sinnen dem Gillymaa-Mandala »Umkehrung von gentechnisch veränderten Zellen« öffnet, erlebt eine Erweiterung seines Bewusstseins dahin, dass er Mitgefühl für alles Leben auf der Erde entwickeln wird und damit sein eigenes biologisches Gleichgewicht zurückerhält.

Das Gillymaa-Mandala »Umkehrung von gentechnisch veränderten Zellen« duldet keine Störfelder in der Erde und im menschlichen Körper, die nicht die vollständige genetische Matrix eines entwickelten Menschen erhalten. Das bedeutet, dass der Mensch eine Willensbekundung in seinem Inneren manifestiert hat. Setze dein Leben ein in Dankbarkeit und

Liebe, in Nächstenliebe. Erkenne an, dass genau dieser Teil im Universum lebt, der dem großen Ganzen dient, und du als bewusstes Sein im Universum existierst, jenseits von Trennung. Ausbeutung und Vergiftung töten unseren Planeten.

Samen, die durch Genmanipulation schon verändert wurden und durch Menschenhand den Weg in die Erde gefunden haben, dörren aus oder werden vom tausendfältigen Lotus des Wissens über die Einheit, durch Gottes Liebe und Gnade ausgelöscht.

Die Menschen, die sich dem künstlich erzeugten und giftigen Materialien zur Genmanipulation geöffnet haben und diese Technologien unterstützen, aus Angst nicht überleben zu können, werden mit diesen Programmen untergehen und sich im Einheitsbrei zur Neuordnung einfinden.

Das Gillymaa-Mandala »Umkehrung von gentechnisch veränderten Zellen« kann auf vielfältige Weise zum Einsatz kommen. Es ist höchste Geometrie und schafft Vervielfältigung alleine durch das Anschauen des energetisch aufbereiteten Wassers, das auf den Äckern zum Einsatz kommt. Die genetische Struktur dieser Matrix ist höchstes Wissen aus der Quelle des All-Einen.

Das Mandala »Umkehrung von gentechnisch veränderten Zellen« erneuert und unterstützt deine genetische Menschenstruktur und öffnet alle Kanäle zum Aufbau der Zwölfstrang-DNS. Bitte stoppe deine Sucht nach genmanipulierter Nahrung.

25 Naturvölker

*Wir lieben euch, wir hören euch, wir sehen euch,
wir sind mit euch!*

Das Gillymaa-Mandala »Naturvölker« verbindet dich mit den Naturvölkern und den Urvölkern dieser Erde. Es repräsentiert die ganzheitlichen Elemente der Natur und der Urvölker, der indigenen Völker Alaskas, der Aymaras, Indianer Nordamerikas, Mapuche, Mayas.

Dazu gehören die Hunzas, Aborigines, indigene Völker weltweit, die Ureinwohner der großen Wälder der Erde in Brasilien, Peru und Mexiko. Die Naturvölker dieser Erde sind gleichzeitig die Hüter der Erde und die Erneuerer und Erhalter der Neuen Erde. Sie wirken meistens noch im Verborgenen. Sie haben das gesamte Wissen über die Naturgesetze auf der Erde, wie die Menschen ein langes und gesundes Leben führen können, für uns gehütet.

Das Gleichgewicht der Natur und der Elemente beinhaltet ein tiefes vollständiges Wissen für ein langes, erfülltes und freudvolles Leben.

Das Gillymaa-Mandala »Naturvölker« dient den Naturvölkern darin, dass sie überhaupt gesehen werden: Was sie waren, was sie sind und sein werden.

Immer wieder hat die westliche Welt versucht, das Bewusstsein der Naturvölker auszulöschen und ihre Ressourcen auszubeuten. Das hat dazu geführt, dass Kriege und Zerstörung in der Welt an der Tagesordnung sind.

Das Gillymaa-Mandala »Naturvölker« öffnet ein neues Bewusstsein von Brüdern und Schwestern dergestalt, jedwede Andersartigkeit im Menschen anzuerkennen und zu lieben wie sich selbst. Die Naturvölker haben sich ja auch weiter inkarniert und wohnen in so manch einem ungewöhnlichen Körper, der uns unbekannt und doch vertraut ist. Es gilt, Aspekte wiederzufinden, die zum großen Ganzen gehören und miteinbezogen werden müssen.

Das Gillymaa-Mandala »Naturvölker« unterstützt die Urvölker darin, wieder erkannt zu werden, damit wir die Türe offenhalten für eine neue Verbindung und verstehen, wie die Naturgesetze funktionieren und angewandt werden wollen, denn das ist im Urwissen verankert.

Wenn wir tatenlos zusehen, wie eine ganze menschliche Artenvielfalt verschwindet, machen wir uns mitschuldig am Massensterben der natürlichen Quellen des Urwissens. Das Mandala »Naturvölker« gibt dir die innere Kraft, Stärke und Sicherheit im Vertrauen auf die Liebesfähigkeit von Menschen, die ihre natürlichen Rechte von natürlicher Ordnung und Artenvielfalt im Universum anerkennen und leben wollen.

Das Mandala »Naturvölker« öffnet dir eine exotische Welt, die anerkannt und eingenommen werden möchte: mit dem Herzen eines friedvollen Kriegers.

26 Green Spirit

Harmonisierung der Gehirnhälften

Das Gillymaa-Mandala »Green Spirit« ist aus der Liebe des Herzens mit der Verbindung zu Jamaika entstanden. Unterdrückung und Zwänge, die den Menschen auferlegt wurden, um Gehorsam und Abhängigkeiten zu schaffen, sollen mit Hilfe des Gillymaa-Mandalas gelöst werden – in Einfachheit und Stille.

Das Gillymaa-Mandala »Green Spirit« vermindert die Wirkung der Pflanzen, die dazu benutzt und missbraucht werden, Menschen in die Sucht zu treiben. Die Initiatoren sind die Machthaber, welche die Väter und Mütter, Kinder und Jugendliche in die Ghettos verbannen, wo Gewalt an der Tagesordnung ist und wo sie in Abhängigkeit und Hörigkeit gebracht werden.

Das Gillymaa-Mandala »Green Spirit« ist außerdem für die Menschen in weiten Teilen Afrikas, in Indonesien, Peru, Afghanistan, Libanon, Pakistan, Persien und Syrien geeignet, um wirklichen Frieden zu stärken, im Innen und im Außen, im Kleinen und im Großen. Du bist der helle Stern am Horizont. Die Menschen möchten gehört und gesehen werden. Mach dich selbst frei von Drogen und psychedelischen Rauschmitteln. Dann handle.

Das Gillymaa-Mandala »Green Spirit« unterstützt die Niederlegung aller Waffen nachhaltig. Es schafft Möglichkeiten, neue Wege zu gehen, so dass die Nahrungskette und das Überleben der Menschen in diesen Gebieten mit der neuen Energie aufgebaut werden kann.

Jamaika ist ein Beispiel für geduldete Gewalt und Manipulation, wie die Welt ohne Gott zu funktionieren hat. Das Ende dieses Systems ist gewiss.

Das Gillymaa-Mandala »Green Spirit« stärkt mit seiner Wirkung die Menschen, die Gott in ihrem Herzen tragen und bereit sind, alle zerstörerischen Absichten aufzugeben, die zu Leid, Süchten und Mangel führen.

27 Schlangen und Echsen

Integrierte Strahlkraft der universellen Liebe zu allem, was ist

Die Schlangen und Echsen möchten in ihrer natürlichen Art gesehen werden. So wie es vom Schöpfer vorgesehen ist im Einklang mit ihrer Urnatur, im Verbund mit anderen Naturwesen. Sie sind in ihrer Art vollkommen. Sie sind eine Ausdrucksform von unendlichen Möglichkeiten im Universum. Ihre Ausdrucksform auf der Erde und manch anderen Planeten gehört ins Schöpferreich, so wie alle anderen Erscheinungsformen.

Alles Leben in der Welt hat seinen Platz, seine Aufgabe, seine Ordnung. Verzerrte Bilder sind Geschichten und Manipulationen. Die Untergebenen der Herrscherfamilien haben den Menschen daran gewöhnt, dass er niemals zur vollkommenen Freiheit kommen kann. Die schwere Energie der Materie hat dazu beigetragen, dass die Menschen in der materiellen Welt als Konsumenten und billige Arbeitskraft den Herrscherfamilien zur Verfügung stehen. Den Menschen wurden und werden Versprechungen gemacht, die genau das Gegenteil von dem bewirken, was sie in ihrem Herzen spüren und leben wollen. Sie sind in einer Spirale von Wiedersprüchen und Lügen gefangen, aus denen sie sich jetzt befreien können.

Das Gillymaa-Mandala »Schlangen und Echsen« hilft dir dabei und transformiert die Geschichten und Manipulationen, nimmt den Schleier weg. Es führt aus der Dualität in die Einheit. Jetzt ist die Zeit zu erwachen mit all deinen schönen Qualitäten, die dein Herz zum Fließen bringen und Liebe und Mitgefühl einfließen lassen. Du erkennst die Wahrheit und kannst dich mit Hilfe des Gillymaa-Mandalas »Schlangen und Echsen« von der Illusion und deinen Ängsten befreien.

Die Wahrheit berührt dich, in der Findung deines Seelenauftrags, die Schlangen und Echsen so zu sehen, wie sie wirklich sind, als Bestandteil eines wichtigen Bereichs, um das biologische Gleichgewicht zu erhalten – jenseits von Trennung und Angst.

Das Gillymaa-Mandala »Schlangen und Echsen« weist dich darauf hin, dass du unweigerlich mit allem verbunden bist und am Spiel des Lebens teilhast. Du hast eingewilligt, dich mit der Opfer-Täter-Rolle zu identifizieren, sie zu spielen. Nutze das Wissen und die Weisheit der Schlangen und Echsen und setze sie in deinem Leben ein, zum Wohle aller.

Die Schlangen und Echsen lassen sich nicht ausrotten, aber bändigen und dazu bewegen, zu dem Platz zurückzukehren, der ihnen vom Schöpfer zugeteilt wurde. Das Gillymaa-Mandala »Schlangen und Echsen« präsentiert das Feuer-Erde-Element. Die Elementarwesen freuen sich darüber, von Anhaftungen jeglicher Art befreit zu sein. Das Gillymaa-Mandala »Schlangen und Echsen« ist auf der Insel Santorin auf dem heiligen Berg Skaros entstanden, als eine Eidechse über Gillymaas Hand lief und darum bat zu helfen.

Einst gab es eine Zeit, da die Schlangen die Schlangen der Mächtigen waren und ihnen Einflüsterungen gaben, mit gespaltener Zunge, sozusagen. Durch die neue Zeitqualität des Goldenen Zeitalters lassen sich Lügen nicht mehr verbergen. Diese Menschen entmachten sich selbst und müssen erkennen, dass sie auf einem Nebengleis gestrandet sind, das nicht zur Erfüllung führt. Es ist eine Sackgasse. Mitgefühl und Liebe sollen deinen Weg begleiten und dich damit nähren, auf steilen und unwegsamen Wegen.

28 Aufbruch der Erde

*Der Hüter ist der Meister El Morya. Er ist der Weckruf der
Nationen, der universellen Liebe*

Das Gillymaa-Mandala »Aufbruch der Erde« hat eine starke aufweichende
Energie, die überalterte Strukturen in Städten und ländlichen Gebieten
aufweicht, ja regelrecht aufknackt. Dabei geht es besonders um das Leid
aus alten Tagen, der Kirche, dem größten Machtkomplex der Erde. Da,
wo Kriege angezettelt wurden, die zu Machtmissbrauch, Verstümmelung
und Fragmentierung der Seelen führten, werden diese neutralisiert, um
neue Wege und Strukturen zu ermöglichen.

Bis in die heutige Zeit finden diese zerstörerischen und lebensverneinen
nenden Strukturen Anhänger auf der ganzen Welt in allen Religionsgemeinschaften. Sie sind an das Erdreich gebunden und sehen den wahren Himmel nicht.

Das Gillymaa-Mandala »Aufbruch der Erde« ist ein Heilmandala für
Orte und Plätze, die zum Aufstieg bereit sind: alles Alte hinter sich zu
lassen, nicht zurückzuschauen. Es transportiert Informationen, die dieses Anliegen unterstützen, Heilung in die Welt zu bringen. Für kompro-
missloses Handeln, um die Gesetze der Natur (die Verfassung des Universums) wieder herzustellen, bedarf es mutiger Menschen, ohne Angst
und Zweifel.

Das Gillymaa-Mandala »Aufbruch der Erde« baut eine Lichtsäule auf an den Plätzen, wo es belebt ist. Es passiert durch die Intelligenz der Natur, des Menschen, der in die Handlung geht. Es stärkt den göttlichen Willen in jedem einzelnen Menschen, für sich und das große Ganze zu wirken. Das bedeutet auch, dass du dir die schmutzigen Handlungen der Kirchenväter anschauen musst, die als Sklavenhalter und Erfinder von sexuellem Missbrauch an Kindern und Menschenseelen durch die modernen Medien an die Öffentlichkeit kommen. Habe die Bereitschaft, deine eigenen Geschichten in dem Bereich zu heilen. Der vorgetäuschte heilige Ruf der Kirchenväter im Scheinwerferlicht als Menschenretter zu glänzen, wird ins rechte göttliche Licht gerückt und führt unmittelbar in eine Abwärtsspirale der Selbstkreuzigung.

Das Gillymaa-Mandala »Aufbruch der Erde« führt in eine neue Zeit, in der ein liebevoller Umgang mit Menschen und der Natur erwünscht ist. Die Elementarwesen helfen dabei, die Erde umzuschichten und Platz zu schaffen. Sie wird mit neuem Sauerstoff angereichert. Dadurch wird sie leichter und lichter. Die Erde wird in die natürliche Evolution einer aufsteigenden Spirale eingegliedert im Sinne des neuen Goldenen Zeitalters. Eine natürliche neue Ordnung entsteht für Orte und Plätze, Mensch und Tier.

Engel und Meister schicken uns die heilenden Lichtstrahlen von oben und durchlichten überaltertes Material.

Das Gillymaa-Mandala »Aufbruch der Erde« wird von dem aufgestiegenen Meister El Morya geführt. Er hilft uns Menschen dabei, die Angst und die Sorgen aus vergangenen Zeiten zu überwinden, um vertrauensvoll in die neue Zeit zu gehen. Das Mandala »Aufbruch der Erde« ist entstanden in der Stadt Kempen am Niederrhein, da wo die Tempelritter spürbar ihre Spuren hinterlassen haben.

29 Aufhebung des Leides in der Welt

Dreifältige Flamme der Wahrheit im Ausdruck der Ich-Bin-Gegenwart. Erweiche dein Herz und bring es zum Schmelzen.

Das Gillymaa-Mandala »Aufhebung des Leides in der Welt« ist ein Mandala der Herzensweisheit und der Herzensliebe. Das, was du nicht möchtest, dass es dir angetan wird, das soll auch keinem anderen wiederfahren. Du bist gesegnet, alleine dafür, dass du hier in dieser besonderen Zeit inkarniert bist; dass du die Herausforderungen der Welt annimmst, den Schleier lüftest durch die Sprache der Wahrheit. Setze neue Impulse zur Heilung und Transformation.

Du bist selbst ein Schutzschild. Du bist angeleitet durch die inneren Meister der ersten Stunde. Sie führen die Welt vom Heim zum Hügel, vom Hügel zum Hügel, vom Hügel zum Heim. Sei dir bewusst, dass du mit deinen Handlungen auf der Erde wichtig bist: in der Verantwortung, Leben zu erhalten und zur Erfüllung zu bringen.

Das Gillymaa-Mandala »Aufhebung des Leides in der Welt« hebt die Grundschwingung von Leid in der Welt auf, jenseits von Mord und Totschlag. Es weckt in dir höchstes Mitgefühl für dich und die Lebewesen auf der Erde und im Universum. Alles wird an der Wurzel gesehen und herausgehoben. Das Licht der Liebe fließt ohne Unterlass.

Das Gillymaa-Mandala »Aufhebung des Leides in der Welt« wirkt bis in der 19. Dimension zur Erneuerung und Erhaltung. Wende dich dem Mandala zu, und der Christus in dir erweckt die Gottheit in dir. Göttliche Kraft, göttliche Liebe und göttliche Weisheit ist in dir und strahlt von dir aus.

Das Gillymaa-Mandala »Aufhebung des Leides in der Welt« ist ein Initiationsmandala zur Aktivierung der göttlichen Flammen in dir. Es weckt die inneren Heilkräfte für große Taten. Du bringst das Licht in die Welt und unterstützt dabei andere. Du bist gestärkt für deine Vorhaben.

Das Gillymaa-Mandala »Aufhebung des Leides in der Welt« ist reine göttliche Liebe, Mitgefühl und Dankbarkeit für alles Leben. Handlungsfreiheit entsteht für neue Möglichkeiten. Menschen durch das Goldene Zeitalter zu führen und zu erwecken für die natürlichen Gesetze der Natur, die den reinen Menschen lieben ohne Unterlass. Du bist die Ursache einer neuen menschlichen Kultur. Geh hinaus und handle.

30 Friedensstadt

Erschaffe dir deinen Ort des Friedens – wie die Lotusblüte, frei von Angst und Ignoranz.

Das Gillymaa-Mandala »Friedensstadt« erhellt die Friedensstadt, baut sie neu auf. Es ist für die Orte und Städte gedacht, die eine finstere Vergangenheit haben, die heute noch sichtbar ist und gelebt wird. Shiva, Kali, Hermes Trismegistos, (Thoth), die Hüter der Städte, Engel und Elementarwesen sind als Grundschwingung enthalten.

Die meisten Menschen haben noch nicht begriffen, dass Krieg und Verwüstung Illusionen sind, die sich selbst durch Gedankenketten erschaffen haben. Die finstere Zeit möchte Abschied nehmen. Das Gillymaa-Mandala »Friedensstadt« führt zu kompromisslosem Handeln, so dass negative Energien von den Wurzeln befreit werden. Die Energien können jetzt transformiert und umgewandelt werden.

Neue Samen von Friedfertigkeit, Menschlichkeit und Mitgefühl wächst schon im Inneren der Erde und auch im Menschen. Der Same ist gelegt. Das Gillymaa-Mandala »Friedensstadt« ist entstanden aus dem Erwachen der Seele der Erdenmutter, gemeinsam mit der Meisterenergie Kali, Shiva, Hermes Trismegistos (Thoth), den Hütern der Stadt Osnabrück, Engelwesen und Elementarwesen, die den Menschen zur Hilfe eilen, da sie ihren Hilferuf und Notstand vernehmen.

Das Gillymaa-Mandala »Friedensstadt« verbindet mit alten Zeiten, dem Friedenszeitalter, dem goldenen Neuen Zeitalter, an deren Schwelle die Menschen stehen. Durch das Erkennen jedes einzelnen löst sich ihre dunkle Vergangenheit auch schon auf: nachhaltig, mit den Herzqualitäten erwachter Menschen zum Wohle aller. Die Würde des Menschen in den Städten, die ihre Häuser aus Liebe zu ihren Familien und Wegbegleitern erschaffen haben, ist wieder hergestellt.

Die Gerichtsbarkeiten der Städte und Länder kommen wieder in die Ordnung der Gesetzmäßigkeiten ihres Landes – in der neuen Energie einer neuen Gemeinschaft, wo natürliches Recht, die Verfassung des Naturgesetzes voll zur Wirkung kommt.

Das Gillymaa-Mandala »Friedensstadt« verbannt altes Gewohnheitsrecht und wandelt es in das menschliche Urrecht. Dadurch verlieren auch die alten Kirchenväter ihr Bodenrecht, ihr Vertragsrecht und ihr Besatzungsrecht auf alles Leben der Erde. Es wird im Keim erstickt.

Im Schlamm wächst die Lotosblüte und entfaltet ihre wahre Schönheit. Der tausendfältige Lotus wird blühen: in all seiner Pracht und Vielfältigkeit, zur Freude der Schöpfung. Jetzt ist die Zeit.

Das Gillymaa-Mandala »Friedensstadt« ist entstanden in der Friedensstadt, für die Friedensstadt Osnabrück und andere Städte, die ihre Vergangenheit um alles in der Welt hochhalten wollen.

Erdheiler, wir rufen dich. Sei bereit und offen für die Instruktionen der Meister in deinem Inneren. Wir sind an deiner Seite, ewiglich. Tritt hervor und sei der, der du bist: im Himmel und auf Erden. Frei, frei, frei.

3 (Pandora

Du bist autorisiert, die Gaben aus dem Schoß der göttlichen Mutter zu empfangen und sie der Welt zurückzubringen.

Das Gillymaa-Mandala »Pandora« ist auf der griechischen Insel Santorin entstanden und in erster Linie ein Mandala zur Heilung der Erde und einer Zivilisation, die in einer Zeit existierte, als die weibliche Vorherrschaft das Leben bestimmte: mit Intuition, Einfühlungsvermögen und den Blick für das Gesamtwohl aller Menschen. Das war die minoische Kultur, die dann durch Erschütterungen und Umwälzungen der Erde ihr Ende fand.

Jetzt leben wir in einer besonderen Zeit, nämlich an der Eingangspforte ins Goldene Zeitalter, wo wir Menschen die Möglichkeit haben, wieder zu einem voll erwachten Menschen mit allen Qualitäten, die das Leben bietet, zu erwachen und zur Erleuchtung zu gelangen, mitsamt unseren schönen Körpern.

Das Gillymaa-Mandala »Pandora« unterstützt dich in der Erdheilung dabei, dich und die Welt neu zu erkunden, für die Erhaltung von Mutter Erde: wie sie erhalten werden kann, genutzt werden kann, ohne dass sie einen Schaden davon erleidet.

Das Gillymaa-Mandala »Pandora« bringt dich in die Zeit des Geschehens zurück und transformiert Vergangenes, nimmt sozusagen die

Schuld von den Schultern. Es gibt der Erde die neue Struktur, in Liebe und Achtung vor dem Leben und für alles Leben, was in, auf und um sie herum existiert.

Mit dem Gillymaa-Mandala »Pandora« erhebt sich die weibliche Intuition aufs Neue und verbindet sich mit der männlichen Struktur in ausgewogenem Maße. Es hilft, dein Herz zu erweichen, und befähigt dich, dich zu erinnern, wie die Natur funktioniert.

Das Gillymaa-Mandala »Pandora« gibt der Erde, zu Wasser, zu Luft und Land und den darauf lebenden Menschen eine neue Struktur. Es richtet die Erde und dich innerlich auf und gibt dir die Befähigung, grenzenlos zu lieben. Das Gillymaa-Mandala »Pandora« erinnert auch an die Zeit der blauen Rasse, der Avatare. Jetzt beginnt die Zeit der Avatare neu. Die Büchse der Pandora ist die Göttin der Erde und steht mit all ihren Gaben, die unsere Erde zu bieten hat, bereit. Lebe sie, lebe die Fülle, lebe Glückseligkeit: zur Transformation der Erde, zur Heilung der Generationen und Zivilisationen, zum Aktivieren der Qualitäten der Gaben der Göttin der Erde, zur Auflösung von Schuld, für den tiefen Wunsch, grundlos zu lieben, zur Aktivierung der weiblichen Uressenz.

32 Aufhebung des Kontrollcodes in der Welt

Aktivierende und loslösende Kraft des universellen Bewusstseins
der göttlichen Gnade

Das Gillymaa-Mandala »Aufhebung des Kontrollcodes in der Welt« hebt die Kontrolle der besetzten Felder auf, die zu Abhängigkeiten, Lethargie, Selbstzerstörung und Selbsthass geführt haben. Es bringt die manipulativen Energien zurück zu ihrem angestammten Platz, wo sie keinen Schaden anrichten. Sie kommen sozusagen in Quarantäne, in ein verriegeltes System und werden dort ausgehungert, geläutert und transformiert.

Das Gillymaa-Mandala »Aufhebung des Kontrollcodes in der Welt« bietet Schutz vor Übergriffen aus manipulativen Verbindungen zu künstlichen Intelligenzen, die den Planeten Erde benutzen und benutzt haben, um die Bodenschätze auszurauben und zu ihrem Vorteil und ihrem Überleben zu nutzen. Das Mandala »Aufhebung des Kontrollcodes in der Welt« macht das Kontrollverhalten der Eroberer nutzlos und unwirksam.

Das Gillymaa-Mandala »Aufhebung des Kontrollcodes in der Welt« wirkt bis in die 18. Dimension und wird unterstützt durch die göttliche Gnade am Eingang zum Goldenen Zeitalter. Es aktiviert die medialen natürlichen Fähigkeiten des Menschen und schleift den Diamanten in ihm, um Vollkommenheit und Erleuchtung zu erlangen auf ewig.

Das Gillymaa-Mandala »Aufhebung des Kontrollcodes in der Welt« hebt die Illusion von Sterblichkeit auf. Es ist ein Freiheitstor: zurück in den natürlichen Evolutionsprozess einer menschlichen Spezies, die ihren Weg nach Vollkommenheit, Liebe und Wertschätzung findet, in einer Zeit von Verwirrung und Unwissenheit.

Das Gillymaa-Mandala »Aufhebung des Kontrollcodes in der Welt« ist dein Dimensionstor um Freiheit, unendliche Liebe, Fülle und Reinheit zu gewinnen. Es wird unterstützt von den aufgestiegenen Meistern der göttlichen Gegenwart. Das Raumschiff Sirius wartet auf deine Entscheidung, dein Mitgefühl, deine Handlung, Kraft und Stärke zum Ausdruck zu bringen in der Welt. Du Bist dabei. Deine Wahl ist es, mit dem Fokus hoher Frequenzen voranzuschreiten, um das Goldene Zeitalter mit einzuleiten durch den Christus und die weibliche Schöpferkraft.

33 Aufhebung der Waffengewalt

Die vereinende Liebe im Licht der aufgehenden Sonne ist unverwundbar.

Vergangene Zyklen in der Entwicklung der Erde haben uns gezeigt, dass es wichtig ist, diese zu verstehen – mit dem Verstand und mit dem Herzen. Die Erde ist eine Heimat von vielen Erdenbewohnern geworden. Die Menschen haben alles ausprobiert, die Erde zu missbrauchen. Sie haben nicht verstanden, dass sie sich damit ihren eigenen Lebensraum nehmen.

Das Gillymaa-Mandala »Aufhebung von jeglicher Waffengewalt« unterstützt den geistigen Umkehrprozess des Militärregimes zum Aufbau der neuen Erde. Es unterstützt die Umwandlung des Einsatzes von Waffen, dahingehend, die Waffen einzuschmelzen und als neue Rohstoffe für nachhaltige Produkte zu gewinnen, die dazu dienen, Menschenleben zu erhalten.

Das Gillymaa-Mandala »Aufhebung von jeglicher Waffengewalt« überprüft deine innere Haltung zur Erde, zu dir, zu allem Leben und der göttlichen Intelligenz, dem es innewohnt. Es ist ein Mandala zur Umkehrung des bestehenden Prozesses: hin zur Heilung, zur Erleuchtung, zu einem lichtvollen und kristallklaren Planeten, im Aufstieg begriffen im Neuen Friedenszeitalter, dem Goldenen Zeitalter.

Leben ist uns in seinen unendlichen Formen und seiner Artenvielfalt geschenkt worden, um damit zu leben und es zu erhalten. Das Gillymaa-Mandala »Aufhebung von jeglicher Waffengewalt« unterstützt dich darin, in Achtsamkeit und Liebe kein Lebewesen zu töten, das die Großartigkeit und Intelligenz der göttlichen Weisheit erschaffen hat. Die Erde darf erhalten bleiben, und wir dürfen sie nutzen und seine Ressourcen weiterentwickeln im Einklang mit allem, was ist.

Das Gillymaa-Mandala »Aufhebung von jeglicher Waffengewalt« ist ein Stoppschild für Kriege, Kriegstreiberei, kriegerische Gedanken, entstanden aus Zorn, Hass, Gier und Machtmissbrauch. Es löscht die kriegerische Vergangenheit aus dem Herzen und unterstützt dabei, die abgespaltenen kriegerischen Handlungen sofort zu stoppen. Heile deinen Groll gegen dich und andere. Liebe und Nächstenliebe ist der wahre Weg eines erwachenden Menschen. Schaue in die liebevollen Augen eines jeden Menschen und säe Liebe und Mitgefühl unter ihnen.

Das Gillymaa-Mandala »Aufhebung von jeglicher Waffengewalt« ist Umkehr von Angst und schützt deinen Lebensraum. Es ist auch eine Prüfung für dich als Menschen, wie du zu dir und zu Mutter Erde stehst. Bist du handlungsbereit, das Friedenszeitalter in dir und der Welt zu beginnen?

Bringe das Mandala »Aufhebung von jeglicher Waffengewalt« an Plätze, wo die Brutstätten von Waffengewalt entstehen und verankert sind. Bringe es in die öffentlichen Bürgerbüros und Rathäuser. Setze es dort ein, in allen Größen, an Orten, Plätzen und als Installation auf Landkarten.

Das Gillymaa-Mandala »Aufhebung von jeglicher Waffengewalt« ist in Österreich auf der Lichtquellalm entstanden und belebt die Liebeslinien einer vollkommenen Gesellschaft.

34 Frieden

Verbindendende Intelligenz der universellen Liebe

Das Gillymaa-Mandala »Frieden« stärkt den Menschen darin, in Frieden zu sein mit allem, was ist. Es aktiviert das Mitgefühl für Mensch und Tier, stärkt dein Herz und verbindet dich mit dem ganzheitlichen Wissen über das Leben selbst. Es weckt den Wissensdurst nach mehr Verstehen und nach mehr Annahme.

Das Gillymaa-Mandala »Frieden« hilft dir, mit dir selbst, mit deinem Umfeld, deinen Ahnen und Urahnen, deiner Vergangenheit, mit Täter und Opfer Frieden zu schließen. Es wirkt direkt auf dein Seelenleben und deinen geistigen Zustand. Das Gillymaa-Mandala »Frieden« lässt dich noch einmal den Mangel spüren, um ihn dann würdevoll zu verabschieden. Er war Freund und Wegbegleiter für eine lange Zeit.

Der göttliche Plan sieht vor, dass alle Lebewesen nebeneinander, miteinander friedvoll leben, ohne sich dabei gegenseitig zu zerstören. Dieser Plan möchte zur Erfüllung kommen. Die Menschen brauchen die Erde. Denn ohne die Erde würde es sie nicht geben. So hab Dank, Mutter Erde. In Achtsamkeit und Stille, in Liebe zu uns selbst. Im Vergeben und Annehmen, in Freude und Leid.

Das Gillymaa-Mandala »Frieden« hilft beim Durchschreiten eines Tores. Es lässt die niederen Beweggründe für egoistisches, eigennütziges

Handeln hinter dir, die Missachtung deiner Selbst, der Menschen, Tiere und des Lebens überhaupt; sich ständig als Opfer fühlen, Missverständnis über den Lebenssinn.

Das Gillymaa-Mandala »Frieden« ist auf der Insel Helgoland entstanden. Es war Einleitung und Türöffner für die neuen Frequenzen, die installiert wurden, um echten Frieden in der Welt zu schaffen. Schaue in die liebevollen Augen eines jeden Menschen und schließe Frieden mit den Menschen, die es wert sind, geliebt zu sein.

35 Neuorientierung der Religionen

Multidimensionale Freiheit der universellen Liebe
ist allgegenwärtig.

Das Gillymaa-Mandala »Neuorientierung der Religionen« ist ein Wegbereiter am Tor zum Goldenen Zeitalter. Es benennt auf unausgesprochene Weise die Religionsgemeinschaften, die alle mit den gleichen Rechten und Aufgaben des Planeten Erde ausgestattet wurden. Die Schöpferquelle allen Seins hat den Menschen den freien Willen gegeben, um Erfahrungen in der dritten Dimension machen zu können. Ursprünglich sollten die Religionen dem Guten dienen, wurden aber dann unterwandert. Sie sollten die Menschen spalten und von der Urquelle trennen, um über sie Macht zu erhalten; und um sie dann zu Sklaven zu machen. Dieser alte Plan läuft bis heute. Im Namen von Religionen wurden und werden die größten Verbrechen ausgeübt. Ein großes Ungleichgewicht auf Erden ist entstanden. Die Liste der Kriege ist lang. Sie werden im Nahen Osten, Israel, Iran, Irak, Syrien, Pakistan und Palästina sowie in den afrikanischen Ländern und auf anderen Kontinenten angezettelt. Das ist nur ein kleiner Teil, von dem was bekannt ist. Gewalt, Herrschaft und Ausbeutung sind an der Tagesordnung und überschwemmen die Erde in einem rasanten Tempo. Die Erde kollabiert.

Jesus und sein Wirken für die Menschen wurde missbraucht und seine gute Liebe vom Vater wurde später in den Büchern der Religionen zum

Teil so verfälscht und verändert, das die wahre Botschaft von Frieden, Mitgefühl und Nächstenliebe verlorenging. Es wurden Tore geöffnet, die den Unfrieden in der Welt begünstigten. Der Weg der Wahrheit ist nach wie vor ein schmaler Pfad und nicht zu verwechseln mit der neuen Weltordnung. Einheit bedeutet hier Eins- Sein mit der göttlichen Reinen Quelle: einzigartig, lebendig und kreativ ausgestattet mit der weiblichen Schöpferkraft und Intuition.

Nun ist es an der Zeit, umzudenken und so zu handeln, dass die göttliche Ordnung in Frieden und Liebe ein neues Zeitalter des Weltfriedens auf der Erde etablieren kann. Mit dem tiefen Wissen, in Einbezug der kosmischen Gesetze der göttlichen Ordnung, die unumstößlich ist. Das Gillymaa-Mandala »Neuorientierung der Religionen« ist aus der 19. Dimension mit der Verbindung zur 20. Dimension auf die Erde gekommen, um die natürliche Ordnung im Bewusstsein der Menschen wieder herzustellen. Es hilft dabei, dass die Menschen sich wieder in Liebe vereinen, und hebt die Trennung auf, die durch Kriege und Manipulationen entstanden sind.

Alles Leben im Universum hat den gleichen Schöpfer, egal welche Hautfarbe die Menschen haben, woher sie kommen, wo sie geboren wurden. Sämtliche Religionen wurden missbraucht. Den Naturvölkern wurde ihr Land geraubt, sie wurden enteignet fast ausgerottet. Christen, Moslems, Hindus erleben ebenfalls bis heute Unterdrückung und Ausbeutung. Männer lassen sich instrumentalisieren und bauen in ihrer eigenen Familie Feindbilder auf und verraten damit ihre Frauen und Kinder. Die Familienstruktur einer gesunden Gesellschaft funktioniert nicht mehr. Die Aufforderung an die Menschen ist: Schaut genau hin. Schaut auf eure Geschichte und die eurer Ahnen, und ihr werdet die Ungerechtigkeiten und die Wiederholungen erkennen. Erwacht, liebet und helft einander.

Das Gillymaa-Mandala »Neuorientierung der Religionen« stärkt dich darin, Stellung zu beziehen, wer du bist und wer du sein möchtest. Es löst alte Strukturen im System und baut neue Lichtfrequenzstrahlen auf. Es ist ein starkes Transformationswerkzeug, das alte Kanäle schließt und eliminiert – zur Freude der Schöpfung.

Das Gillymaa-Mandala »Neuorientierung der Religionen« stärkt dein Selbstvertrauen und dein Vertrauen in die geistigen Gesetze von Ursache und Wirkung. Dein Bewusstseinsfeld erneuert sich am Tor zum Goldenen Zeitalter, damit du als Lichtritter und Lichtsäule deinen Platz einnimmst im Einvernehmen mit der göttlichen Reinen Quelle. Das Gillymaa-Mandala »Neuorientierung der Religionen« ist ein Segen für die neue Zeit. Das Licht der reinen Liebe wird dir den Weg leuchten und deine Willenskraft und deine Liebe stärken.

36 Feen und Elfen

Lichtwesen im Einklang mit der göttlichen Vielfalt der Natur

Das Gillymaa-Mandala »Feen und Elfen« vermittelt dir die Süße, die Früchte des Lebens in Freude und Einfachheit zu erleben. Als ausgewogene Aspekte des großen Ganzen sind die Elfen, die feinstoffliche Struktur, in der Natur, den Wäldern, den Naturgebieten und den Gewässern der Welt.

Feen und Elfen sind nicht dasselbe. Doch wirken sie miteinander, füreinander, zueinander. Sie sind im Allgemeinen den Menschen zugetan und leben nahe bei den Menschen, meist nicht sichtbar in der Astralwelt. Sie lieben es, wenn das biologische Gleichgewicht in Ordnung ist. Was bedeutet, dass sie in der Verbindung nach unten und nach oben sich frei bewegen können, ohne lästige Löcher im Energiefeld. Dann können sie ihre Aufgaben mit Freude und Liebe durchführen.

Ohne Freude wird das Leben farblos und grau, jede Handlung schwer und unangenehm. Die Elfen sind scheu geworden, weil die Menschen so egoistisch und zerstörerisch sind.

Das Gillymaa-Mandala »Feen und Elfen« repariert, schließt Einschlüsse und rauhe Eingangspforten in deinem System und im Naturreich. Es eliminiert fremde Einflüsse, Erreger, Bakterien, aber auch Schädlinge aus dem Naturreich.

Das Gillymaa-Mandala »Feen und Elfen« lockert die Schwere und macht dich leicht und lässt dein Licht leuchten, zur Freude der Schöpfung. Es wirkt auf unterschiedlichen Ebenen unterstützend.

Die Feen sind für die Menschen und Tiere als Lichtwesen zuständig. Sie sorgen dafür, dass das feinstoffliche Fluidum, das die feinstofflichen Welten mit den Strukturen im menschlichen und tierischen Körper verbindet, miteinander fließen können.

Das Gillymaa-Mandala »Feen und Elfen« unterstützt dabei, dass der Fluss des Lebens nicht stehenbleibt. Es ist für den kosmischen Aufbau der feinstofflichen Ebenen zuständig. Es hilft dabei, dass die Tiere und Menschen ihre natürliche Schönheit und Gesundheit erhalten können.

Das Gillymaa-Mandala »Feen und Elfen« hilft dir dabei, dein vertrocknetes und verkümmertes Herz wieder zu spüren. Es macht dein Herz warm und weich. Es öffnet dich für die feine Schwingung der Feen, die als Lichtwesen immer da sind, wo die Natur noch in ihr natürliches Umfeld eingebettet ist.

Das Gillymaa-Mandala »Feen und Elfen« stellt die Zuneigung und Verbindung der Menschen zu sich selbst, zu anderen und zu den Feen und Elfen erneut her. Es bringt deine Augen und dein Herz zum Leuchten. Es bringt deine Aura zum Strahlen, macht sie vollständig und rein. Wenn alle Farbnuancen der Natur sich vereinen im Tanz der natürlichen Schönheit des Lichts, entsteht unendliche Freude. Hunderttausend Glocken klingen zur Freude der Schöpfung.

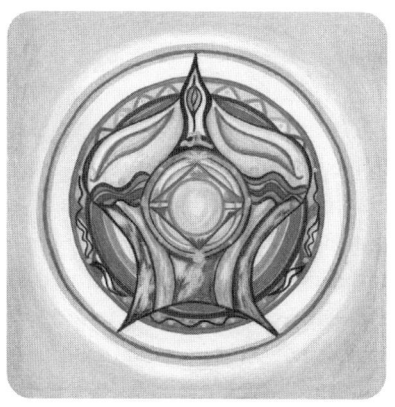

37 Herz von Atlantis

Vertrauen in die universelle Gesetzmäßigkeit der Verfassung des Universums

Das Gillymaa-Mandala »Herz von Atlantis« präsentiert die dreifältige Flamme der Wahrheit in der neuen Energie. Es lässt dich eintauchen in die Flamme der Liebe und die Flamme der unendlichen Weisheit und Willenskraft. Verborgenes wird sichtbar. Nicht gelebte Aspekte erinnern dich an die Schönheit und das Wissen aus vergangenen Zeiten.

Das Gillymaa-Mandala »Herz von Atlantis« hüllt dich liebevoll in die Kraft und Stärke deiner Potentiale. Es ist das Tor zum Himmel und zur Erde. Es wirkt in der 16. Dimension und darüber hinaus. Das Gillymaa-Mandala »Herz von Atlantis« verbindet dich mit den Planetensystemen einer gehobenen Rasse, dem Herz-Menschen und Herz-Wesen im gesamten Universum.

Das Gillymaa-Mandala »Herz von Atlantis« lässt dich spüren, wie es war, als du deinen Planeten verlassen musstest – mit all dem Wissen, dem universellen Wissen der Naturgesetze. Es gilt, es zu schützen und einen neuen Platz zu finden, da wo es keine Feinde gibt. Die Akasha, die Bibliothek allen Wissens auf der Erde und im gesamten Universum ist die Verfassung des Universums, die alle Zeiten überdauert.

Das Gillymaa-Mandala »Herz von Atlantis« vertraut darauf, dass allem, was geschieht, egal, wo, wie und wann, eine göttliche Ordnung zugrundeliegt, die Jahrtausende, Jahrmillionen Jahre und auf ewig Bestand hat. Das besagt, dass niemals etwas verlorengeht, nicht im Diesseits und nicht in Jenseits. Die Karten sind schon neu gemischt.

Das Gillymaa-Mandala »Herz von Atlantis« schenkt dir uneingeschränktes Vertrauen. Es öffnet dein Herz und weitet es. Es hebt dich energetisch in eine höhere Schwingung. Es ist voll Liebe, und die Liebe ist mit dir: jetzt und auf immer und ewig.

Das Gillymaa-Mandala »Herz von Atlantis« ist ein Zeugnis davon, dass Atlantis als Kontinent existiert hat und existiert und nicht auf ein kleines Gebiet zu reduzieren ist – im physischen und im geistigen Sinne. Es ist auf der Insel Santorin entstanden, wo die letzten Menschen, die letzten Schiffe erreichten, um in ein gesichertes Gebiet zu fahren. Mit dem Blick auf die untergehende Insel, die durch die Eruption des bekannten Vulkans zu Zeiten von Atlantis unterging. Ihr Leben war gesichert für die neuen Generationen.

Das Gillymaa-Mandala »Herz von Atlantis« hilft dir dabei, deinen inneren Frieden zu finden. Du bist gesegnet, allezeit. Dienen ist fruchtbar. Es bringt dich zu dir selbst zurück. Jetzt ist die Zeit der Ernte aus vergangenen Tagen. Du wirst gesehen. Gott vertraut dir. Atlantis wird nie untergehen. Atlantis ist hier.

Transformations-Reisen mit Gillymaa nach Santorin sind ein Vorgeschmack am Tor zum Goldenen Zeitalter.

38 Wiedergutmachung für Atlantis

Vereinende, stärkende Kraft von Frau und Mann im Herzen der universellen Liebe

Das Gillymaa-Mandala »Wiedergutmachung für Atlantis« ist eine Friedenserklärung an die universelle Liebe der Einheit von Frau und Mann. In den Zeiten von Atlantis haben sich heftige Auseinandersetzungen ereignet, die den Kontinent spalteten. Die Priesterinnen und Priester haben im Eifer des Gefechtes ihre Seele verkauft, im wahrsten Sinne des Wortes.

Durch die geistige Entwicklung und durch die Zeitenwendung und Verschiebung der Planeten und Gezeiten wurden vernichtende Umwälzungen des Wassers, des Feuers und des Landes erzeugt. Dazu kamen der Missbrauch der Kristalle, die Manipulation der Gene und die daraus entstandenen vermischten Wesenheiten, die ihre eigene Denk- und Lebensweise entwickelten.

Das Gillymaa-Mandala »Wiedergutmachung für Atlantis« ist Zeugnis davon, dass die Vergangenheit den Menschen eingeholt hat. Sieh die Chance, die daraus entstanden ist. Als Toröffnung und Vorbote des 1000-jährigen Reichs und des Erblühens des 1000-fältigen Lotus.

Das Gillymaa-Mandala »Wiedergutmachung für Atlantis« ist tiefe Vergebung für vergangene Handlungen. Es lässt dich erkennen und verstehen, dass alles aus der Einheit Erschaffene vergänglich ist und dein Seelenkleid, ob Mann, ob Frau, sich neu vereint in deinem Inneren.

Das Gillymaa-Mandala »Wiedergutmachung für Atlantis« schenkt dir die Wiedervereinigung durch die göttliche Weisheit und Allmacht Gottes. Es lässt dich die Liebe spüren, die du bist, und vergibt alle vergangenen Handlungen. Du bist der Schöpfer, die Schöpferin, die immer wieder schöpft aus dem großen Ganzen mit allen ungeahnten Möglichkeiten.

Das Gillymaa-Mandala »Wiedergutmachung für Atlantis« beflügelt dein Herz, es bringt dich der Sonne in deinem Herzen näher und fördert die Innenschau in der Vergebung und Wiedergutmachung von Mann und Frau. Der Schutz ist wieder hergestellt, zur Neuordnung bereit für das neue goldene Friedenszeitalter.

39 Neue Liebe

Strukturauflösende, im Herzen verbindende Qualität der
universellen Liebe

Das Gillymaa-Mandala »Neue Liebe« ist entstanden für die Insel Helgoland, was bedeutet »Heiliges Land«. Es ist ein wichtiges Erdheilungsmandala zu Wasser und zu Land.

Helgoland hat eine direkte Verbindung zu Nordamerika, Brasilien, zum Golf von Mexiko, zu den Holländischen Antillen und Atlantis. Helgoland ist ein energetisch und strategisch wichtiger Platz. Er verbindet dich mit der atlantischen Vergangenheit der alten Menschen-Stämme. Sie möchten ihre alten Gelübde und Schwüre aufgeben, zum Wohle aller. Das bedeutet, die Schuld nicht mehr bei anderen zu suchen.

Unsere Vorfahren aus dem Bewusstsein des Goldenen Zeitalters, möchten sich in der neuen Energie inkarnieren und ihr ursprüngliches Wissen mit uns teilen: großer Schutz der göttlichen Erdenmutter, der weißen Büffelfrau, von Wottana und der Vulkanenergie. Sie wirken als Hüter der Insel. Die Verbindung geht zurück bis Lemurien.

Gillymaa durfte einen neuen Bund mit sieben Indianerstämmen durchführen. Dazu gehörten die Navajos, Cheyenne, Sioux, Hopis, Apachen, Blackfeet und einer der ältesten Indianerstämme der Welt, die Anasazi. Die Insel hat gebebt, Feuer gespuckt; das Grollen ging drei Tage.

Am dritten Tag installierte Gillymaa mit einer Freundin ein riesiges Mandala im Sand am Strand. Es entstand aus den verschiedenen Schichten und Epochen der Vergangenheit. Die dazugehörigen Steine wurden am Strand gefunden.

Das Gillymaa-Mandala »Neue Liebe« verbindet dich mit deinem Ursprung. Es entfacht und harmonisiert dein inneres Feuer und führt in eine gewisse Erleichterung, weil du nun weißt, dass deine Aufgabe darin besteht, vollständig zu sein, in der Verbindung zu den aufgestiegenen Meistern der göttlichen Gegenwart, um das Transformations-Licht auf die Erde zu bringen.

Das Gillymaa-Mandala »Neue Liebe« weckt, erneuert und verstärkt deinen Herzenswunsch zu heilen. Du entdeckst die Liebe zu dir selbst neu, deinen Wunsch, der Natur und allen Wesen auf dieser Erde zu dienen – als aufgestiegenes Wesen in der neuen Energie. Es transformiert alte Geschichten und ungünstige Verbindungen mit Plätzen, Menschen, Tieren und Häusern.

Es lässt deine innere Schönheit neu erstrahlen und erneuert Liebe, Partnerschaft und Berufung. Das Gillymaa-Mandala »Neue Liebe« baut deine Energien auf und ordnet sie neu. Nimm dein Machtzentrum neu ein und befreie dich von Schuld.

Das Gillymaa-Mandala »Neue Liebe« löst Beziehungsprobleme mit Vater und Mutter und mit der Kinderstube, auch in der weitläufigen Familie, hilft auch bei karmischen Verflechtungen mit den Urahnen, bei Eltern, Großeltern und Geschwistern. Es geht zurück bis in die vorgeburtliche siebte Ebene.

Es transformiert alte karmische Verflechtungen mit Plätzen, Menschen, Tieren und Häusern. Das Gillymaa-Mandala »Neue Liebe« wirkt kräftigend und aufbauend bei schwacher Energie, Streit und Missgunst. Schwingungsmäßig harmonisiert es den Blutkreislauf, Magen, Leber und Herz. Die Gelenke werden weich und geschmeidig. Ungleichgewichte werden an der Wurzel entfernt.

Benutze diese kraftvolle Affirmation in der Erdheilungsarbeit an Orten und Plätzen: Helgoland, heiliges Land, heile dich; Helgoland, heiliges Land, heile mich.

40 Aufhebung der Machtlosigkeit in der Welt

Universelle Liebe und die Intelligenz der Kristallstadt von Atlantis, den Klippen von Helgoland

Das Gillymaa-Mandala »Aufhebung der Machtlosigkeit in der Welt« ist das Mandala für die Zukunft. Es beherbergt ausrangiertes und ganzheitliches Wissen, was für uns Menschen bedeutungsvoll ist. Es bringt die vollständige Struktur eines erwachten Kontinents hervor.

Helgoland ist eine kraftvolle Stätte, die zu Atlantis Zeiten ein Kraftort war. Hier lebten einst die hochsensibel entwickelten Menschen, die verstanden haben, wie der Evolutionsprozess und ein göttliches Leben funktionieren.

Die Insel wurde von militärischen Einheiten verschiedener Länder missbraucht. Tausende von Bomben haben es nicht geschafft, die Insel zu zerstören. Der Alkoholkonsum ist dort sehr hoch und macht aus Menschen Marionetten, damit das wahre Wissen über vorzeitliche Menschenstämme untergeht.

Das Gillymaa-Mandala »Aufhebung der Machtlosigkeit in der Welt« legt eine neue Pipeline zur Erhaltung und Förderung von Unsterblichkeit; diese zu erzeugen und zu erhalten, um neue Welten entstehen zu lassen, Machtlosigkeit und Zwänge aufzuheben, denen die Menschen noch unterworfen sind, um erneut ein neutrales Feld zu verursachen, das Leben erhält.

Lichtkristalle sind im menschlichen Körper vorhanden, doch nur bei wenigen Menschen aktiviert. Die Potentiale liegen zum großen Teil noch brach. Es bedarf eines Katalysators, den der Motor zur Wiederherstellung der Aktivierung der Kristalle und zum Aufbau eines unsterblichen Körpers braucht.

Das Gillymaa-Mandala »Aufhebung der Machtlosigkeit in der Welt« ist die Energie von Atlantis in seiner vollkommenen Form. Es repräsentiert die Aufhebung der Selbstzerstörungsprogramme.

Allein durch deine Entscheidung, unsterblich zu sein, entsteht eine Ausdehnung von Glück, das im Geist und im Körper stark spürbar ist. Lichtkristalle dehnen sich aus und erzeugen selbstbestimmtes Handeln aus dem vollständigen Wissen des Schöpferplans.

Neue Synapsen können sich entwickeln und andere wieder hergestellt werden. Dadurch entsteht ein neues ganzheitliches Bewusstsein über die Unsterblichkeit im menschlichen Körper. Die Kristalle bilden gleichzeitig den Ruhepol, weg von angsterfüllten Gedanken und Gefühlen. Vertrauen und Schöpferkraft in der Gegenwart der göttlichen Liebe bilden den Lichtkristallkörper.

Das Gillymaa-Mandala »Aufhebung der Machtlosigkeit in der Welt« hilft dabei, die alten Selbstzerstörungsprogramme, entstanden aus Selbstsucht und Gier, aufzuheben und gänzlich zu löschen. Atlantis ist eine Holografie für das, was in der Endzeit von Atlantis gelebt wurde und zur Zerstörung führte. Jetzt, am Anfang des Goldenen Zeitalters, dürfen diese Erfahrungen für die meisten Menschen aufgehoben werden.

Das Gillymaa-Mandala »Aufhebung der Machtlosigkeit in der Welt« hebt dich aus der Machtlosigkeit. Es lässt dich noch einmal deine Täterrolle spüren, wie sie dich zum Opfer machte, dann lass los. Das Mandala »Aufhebung der Machtlosigkeit in der Welt« erweckt in dir einen Prozess der Machtlosigkeit und stärkt dich darin, sie zu überwinden. Es stärkt in dir Unterscheidungsfähigkeit, Willenskraft und Umsetzungsvermögen, neue Gemeinschaften entstehen zu lassen.

Wenn deine Seele bereit ist, Großes zu vollbringen, benutze das Gillymaa-Mandala »Aufhebung der Machtlosigkeit in der Welt« und setze es bewusst und intensiv ein, in Annahme deines Selbst. Es hilft dir dabei, dich mit Leichtigkeit in höhere Ebenen zu bewegen und deine Kraft einzusetzen zum Wohle der Menschen mit deinen natürlichen gottgegebenen Werkzeugen jenseits von Manipulation und Unterdrückung.

41 Freiheit

Selbstrückbezogene Intelligenz der universellen Liebe

Das Gillymaa-Mandala »Freiheit« repräsentiert den Grundklang, die Grundschwingung, kristallklar und rein. Gleichzeitig bringt es die mannigfaltige Schöpfung aus dem Magma, dem Erdinneren hervor.

Das Gillymaa-Mandala »Freiheit« wirkt harmonisierend und beruhigend. Es löst alle Emotionen in dir, die gesehen und beachtet werden wollen.

Das Gillymaa-Mandala »Freiheit« hat die Power, dein Universum neu entstehen zu lassen. Es stärkt deine Willens- und deine Umsetzungskraft.

Nimm das Gillymaa-Mandala »Freiheit« zur Meditation. Spüre die Freiheit auf dem Ozean der universellen Liebe. Wisse, dass alles Vergängliche Erscheinungsformen der göttlichen Liebe sind. Frei sein bedeutet, dass du deiner eigenen Wahrheit folgst, im Einklang mit der göttlichen Liebe.

Du bist nicht mehr an das Auf und Ab der Welt gebunden. Die Impulse für deine Handlungen empfängst du aus deinem Herzen. Du tust es mit Freude. Dein heiliger Raum erweitert sich, und die aufsteigende Spirale der Liebe durchdringt alle Ebenen des Seins.

Das Gillymaa-Mandala »Freiheit« ist für dich geeignet, um tiefe Erfahrung in der Meditation zu machen. Mit der Schwingung von OM, bei der

Sehnsucht nach Freiheit, bei starken emotionalen Stimmungsschwankungen, zur Aufhebung von altem Karma, zur neuen Ausrichtung deines Grundklangs, zur Heilung deiner Lebensthemen.

Das Gillymaa-Mandala »Freiheit« ist ein Erdheilungsmandala, das auf der Insel Helgoland entstanden ist: für die Menschen, die auf See geblieben sind und ihr Leben durch Kriege und Wasser verloren haben. Heilung der Emotionen geschieht auch für die Hinterbliebenen, die des Krieges müde sind; mit der Vorstellungskraft, ein Gemeinschaftsleben zu leben, das frei ist von Bewertungen und Vorurteilen: verankert im Prozess des Erwachens in das Neue Zeitalter, wo wahre Freiheit das Leben führt.

42 Königreich

Eintauchen in die Qualitäten von innerem Recht
und innerer Ordnung

Das Gillymaa-Mandala »Königreich« verbindet dich mit dem ethischen Grundklang einer wahren Gemeinschaft: hinaus aus alten Hierarchien und Besetzungen der Völker. Es inspiriert und weckt den Menschen zum Aufbruch und Neuanfang einer neuen Gesellschaft.

Die Könige der Vergangenheit haben ausgedient. So auch die Machthaber, die sich so nennen und dazu bekennen. Die Menschen können sich jetzt neu entscheiden. Die Zeitqualität am Tor des Goldenen Zeitalters ist ein idealer Neuanfang.

Hinaus aus der Opfer-Täter-Rolle, die dem Menschen viele Inkarnationen gedient hat, um die Erfahrungen zu machen, die er machen wollte. Ein Mensch, der aus der Energie der Vergangenheit gelebt hat, durch alles Dunkle hindurchgegangen ist bis zur bitteren Neige, wird zur Umkehr bereit sein, um sich komplett zu transformieren. Gleichzeitig inkarnieren immer mehr Licht-Kristall-Menschen, die es in dieser besonderen Zeit leichter haben, leichter zu sein. Sie profitieren von den Menschen, die ihnen vorausgegangen sind.

Die Schöpfung ist so groß und voller neuer Möglichkeiten. Sie wollen gelebt und neu ausgelotet werden – im Kollektiv und im Einzelnen. Das

Licht Gottes scheint in jedem von uns. Lasst es uns Leben in all seiner Herrlichkeit und Schönheit.

Das Gillymaa-Mandala »Königreich« lässt dich eintauchen in die Qualitäten von innerem Recht und einer inneren Ordnung. Es verbindet Menschen miteinander, die den Seelenklang ihrer Seelen und Familie im Inneren hören, mit dem Wunsch nach Einklang in der Vielfalt.

Das Gillymaa-Mandala »Königreich« unterstützt dich dabei, eine hohe Qualität von Bewusstsein aufzubauen, für jeden einzelnen, jenseits von Krieg und Zerstörung. Ein neues »Wir« bildet die neuen Gemeinschaften zur Freude der Schöpfung.

Das Gillymaa-Mandala »Königreich« dient zur vollständigen Ablösung veralteter Gesellschaftsformen mit dem tiefen Wunsch nach spiritueller Gemeinschaft. Es verbindet mit dem ethischen Grundklang und unterstützt wahre Gemeinschaften. Es beendet kompromisslos alte Hierarchien. Die Liebe ist die Meisterin, der Meister und spiegelt sich in deinen entwickelten Fähigkeiten einer vollkommenen Gemeinschaft. Finde deine Berufung in der Heilung von Mutter Erde und sei du Selbst. Deine Heimat ist im Innen und im Außen.

43 Aufstieg der Erde

Konfuzius – Meister der Vollendung und Unsterblichkeit

Das Gillymaa-Mandala »Aufstieg der Erde« ist ein Erdheilungsmandala zum Aufstieg der Erde. Es soll in den Gegenden eingesetzt werden, wo die Erde aufbricht; da, wo die Menschen nun radikal an ihre Potentiale erinnert werden, um selbst aufzubrechen, um die Christuskraft voll im Licht entstehen zu lassen.

Lass dich ein. Halte nichts mehr zurück. Stehe zu deinen Fähigkeiten und gib den Menschen dein Wissen. Hilf ihnen, die Natur zu verstehen und zu unterstützen. Um Unsterblichkeit im Körper zu erlangen, ist es notwendig, dass die gesamte Materie durch dein Körpersystem transformiert wird. Hingabe an den göttlichen Plan, Handlungs- und Unterscheidungsfähigkeit ist erforderlich, um transzendentales und kosmisches Bewusstsein zu erlangen.

Das Gillymaa-Mandala »Aufstieg der Erde« unterstützt dich darin, deinen göttlichen Auftrag zu finden und umzusetzen. Neue Berufszweige warten schon am Tor zum Goldenen Zeitalter.

Das Gillymaa-Mandala »Aufstieg der Erde« ist ein großes Tor zu Verantwortung, innerem Frieden und göttlicher Liebe. Engel und Meister begleiten deinen Weg.

Das Gillymaa-Mandala »Aufstieg der Erde« bringt Klärung in alle kriegerischen Bereiche der Vergangenheit, Zukunft und Gegenwart. Es repräsentiert die Energien der Dinosaurier. Sie werden sich neu inkarnieren und in einer menschenfreundlichen Art und Weise mit mit den Menschen kommunizieren und gemeinsame Ziele hervorbringen. Sie werden ihren neuen Platz in der Welt finden.

Das Gillymaa-Mandala »Aufstieg der Erde« präsentiert die Meisterenergie von Konfuzius. Es dient zur Verbreitung von Licht, um Himmel und Erde zu verbinden, stärkt das Herz-Chakra, dient zur Stärkung deiner bereits medialen, heilenden Fähigkeiten, zur Aufhebung von Leid und zum Aufknacken veralteter Strukturen.

Das Gillymaa-Mandala »Aufstieg der Erde« ist dein eigener Aufstieg. Es macht dich mit deinem Wesenskern vertraut. Du hast eine Ahnung davon, wie es ist, in eine höhere Schwingung aufzusteigen. Doch du weißt auch, dass es ohne den Körper nicht geht. Übernimm jetzt die ganze Verantwortung für dein Sein und integriere dein gesamtes Wissen. Bringe es auf die Erde. Die Zeit ist reif und deine Fähigkeiten möchten gelebt werden.

Das Gillymaa-Mandala »Aufstieg der Erde« ist in Schledehausen (Osnabrücker Land) entstanden, am Rande des Wiehengebirges, da wo die Dinosaurier einst das Land verwalteten.

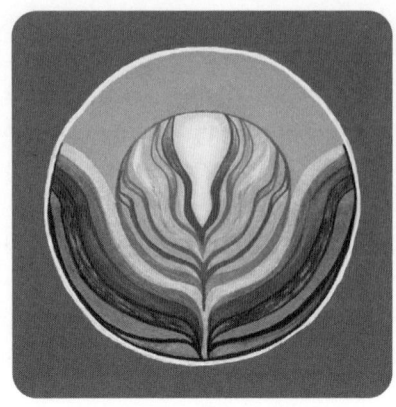

44 Neue Erde

Die weibliche Christuskraft ist erwacht, in ihrer ganzen Fülle.

Das Gillymaa-Mandala »Neue Erde« ist höchstes Mitgefühl für alles, was neu erwacht: der Same der Gegenwart im Schutz der göttlichen Liebe, die niemals endet. Immer wieder neu entsteht er im Rhythmus der Naturgesetze. Es gibt nichts Schlechtes. Alles ist Bestandteil des großen Ganzen und sorgt für ein natürliches Gleichgewicht, im Innen wie im Außen.

Das Gillymaa-Mandala »Neue Erde« nimmt dich mit, und du erwachst mit der tiefen Einsicht, dass eines dem anderen dient ohne Unterlass. Du erfährst mit deinem bewussten Geist, dass alles vergänglich und dem Rhythmus der Veränderung unterworfen ist. Du erfährst die tiefe Liebe und den Zweck der Schöpfung mit dem geistigen Gut des Erhabenen, das du mitbekommen hast von Anfang an. Der Plan des Göttlichen dient dir, um zur Erfüllung zu kommen in jedem Moment. Er drückt sich aus in allem und in jedem und wächst und wächst. Das ist Evolution.

Empfange diese tiefe Freude. Tauche ein in die lebendige göttliche Erscheinungswelt, in die Qualität der weiblichen Christuskraft.

Das Gillymaa-Mandala »Neue Erde« ist aus dem Urquell von Reichtum, Fülle und Dankbarkeit geboren. Nimm deinen Platz jetzt vollständig ein, mit deinem ganzen Mut und Wissen. Gehe durch dieses Tor, um die Dimensionen der Schöpfung neu zu erkunden und zu ergründen in

Dankbarkeit. Deine Hingabe ist dein Segen, wo deine Seele wachsen kann zum Höchsten.

Das Gillymaa-Mandala »Neue Erde« kultiviert in dir kosmisches Bewusstsein und macht dich klar und wach für den Schöpfungsprozess. Setze deinen gottgegebenen Willen dafür ein, die Erde in ihrer Vielschichtigkeit zu erhalten und zum höchstmöglichen Erblühen zu bringen mit Hilfe der Engel und Meister und den Hütern der Erde, der Orte und Plätze.

Das Gillymaa Mandala »Neue Erde« wirkt in der 18. Dimension. Es erneuert und erhöht die Schwingung Moment für Moment. Hab Dank, Mutter Erde, ich bin das und wirke mit den kosmischen Gesetzen.

Das Gillymaa-Mandala »Neue Erde« stärkt dich im Inneren und macht dich bewusst. Es verfeinert deine Sinne und stärkt deinen Mut und deine Willenskraft.

45 Reise durch die Dimensionen

Aktivierung und Verankerung für das neue Bewusstsein,
durchdrungen von den Energien der Hüter der Orte und Plätze an
den Küstengebieten, durchdrungen mit dem Geist der
göttlichen Gegenwart

Das Gillymaa-Mandala »Reise durch die Dimensionen« ist entstanden aus dem tiefen Wunsch heraus, der Natur zu dienen, sich für sie einzusetzen, in dem Maße, wie es dem eigenen Lebensplan entspricht.

Das Gillymaa-Mandala »Reise durch die Dimensionen» ist der Auftakt einer spirituellen Arbeit. Die Natur wird dabei unterstützt, wo es dringend nötig ist. Dabei geht es in der Natur um Wasser, Luft, Erde, den Tierschutz in den Küstengebieten.

Das Gillymaa-Mandala »Reise durch die Dimensionen» ist ein Initiationsmandala für die Erdheiler und die Menschen, die sich dieser Arbeit hingeben wollen. Es soll da eingesetzt werden, wo die Menschen nahe am Wasser wohnen, an Wald- und Wiesengebieten, in Berg- und Vulkanregionen, Ozeanen und Unterwasserwelten, in Innere-Erde-Welten und auf anderen Planeten und in anderen Welten.

Das Gillymaa-Mandala »Reise durch die Dimensionen« dient der Natur zur Erhaltung ihrer Einzigartigkeit. Das Gillymaa-Mandala ist ein

Motor und ein Katalysator der Schöpfung. Es bringt alle deine Vorhaben zum Schwingen und gibt dir die Power eines Turbo-Diesels.

Das Gillymaa-Mandala »Reise durch die Dimensionen« ist ein Dimensionstor in die 9. Dimension. Es ist die Eingangspforte und Autorisierung für Erdheilung in andere Dimensionen. Du bekommst die perfekte Unterstützung der großen Meister im Universum, um die Projekte als Erdheiler oder -heilerin im Erdheilungswesen durchführen zu können. Sie sind an deiner Seite. Du bist gesegnet für deinen Einsatz.

Gleichzeitig schützt das Gillymaa-Mandala »Reise durch die Dimensionen« deine Vorhaben und führt dich zu den richtigen Orten und Plätzen, für die du deine Inspirationen bekommst. Es ist durchdrungen von den Energien der Hüter der Orte und Plätze. Meister und Engel begleiten dich.

46 Naturschutz

Umstrukturierung der Naturwelten mit Meister Lemuel

Das Gillymaa-Mandala »Naturschutz« stellt das Gleichgewicht der Naturwelten neu her. Aus den Fugen geratene Strukturen der Natur-Devas im Inneren der Erde als auch auf der Erde, in der Luft und im Wasser lassen uns ihre Not spüren.

Daran ist der Mensch nicht unbeteiligt. Er hat sich damit einverstanden erklärt, die Ressourcen unserer geliebten Erde auszubeuten. Natürliche Nahrungsquellen fallen immer mehr der Industrialisierung zum Opfer und fallen damit aus der natürlichen Ordnung. Die göttliche Weisheit wird es nicht zulassen, dass durch die Chemikalien und Gifte in der Welt alles zerstört wird.

Das Gillymaa-Mandala »Naturschutz« ist ein Erdheilungsmandala zu Wasser, Land, Erde und Luft, zur Erhaltung unserer geliebten Natur.

Das Gillymaa-Mandala »Naturschutz« ist für den Taunuskamm entstanden, da, wo die Kraniche ihre Haupteinflugschneise haben.

Das Gillymaa-Mandala »Naturschutz« unterstützt die Wiederaufbereitung verschiedener Aspekte, um die kosmischen Naturgesetze mit ihren unendlichen Möglichkeiten neu zu beleben.

Die Ungleichgewichte und Gleichgewichte werden mit Hilfe von Meister Lemuel und seinen Helfern neu ausgelotet. Die Umwälzungen in der Welt und auf Mutter Erde finden statt. Meister Lemuel steht an der Schwelle aller Naturgesetzte, um die Seelen, die da sind, mit seinem Wissen neu aufzubereiten.

Das Gillymaa-Mandala »Naturschutz« verbindet wieder mit vergangenen Zeiten, der Zeitepoche Lemuriens, als alles noch vollständig im Einklang mit den Gesetzen der Natur verbunden war.

Gerade jetzt in dieser Zeit gibt es Hoffnung auf Freiheit, Hoffnung darauf, dass die Liebe der göttlichen Mutter und des himmlischen Vaters durch deine Intuition, deine Gedanken und deine Gefühle aufgenommen werden können, so wie es noch nie vormals gewesen ist.

Das Gillymaa-Mandala »Naturschutz« führt dich unmittelbar in die Liebe deines Herzens und verbindet dich mit Meister Lemuel. Er hat alle Qualitäten, die notwendig sind, um ein neues Gleichgewicht bereitzustellen, sobald die Erde gesäubert ist.

Das Mandala »Naturschutz« ist dein Weckruf, mutig zu handeln, die Wahrheit an die Oberfläche zu bringen, die Menschen abzuholen, da wo sie stehen, ihr Mitgefühl zu aktivieren: für die Naturgesetze zur Erhaltung der Erde.

Das Gillymaa-Mandala »Naturschutz« ist in der Bergwelt, an Bergseen, Wasserfällen, Fluss- und Wasserläufen, in den Hügellandschaften und Wäldern einzusetzen, um dort die Aufgaben der großen Meister der Gegenwart zu empfangen. Empfange deine Aufgaben von den großen Meistern der Gegenwart und finde darin deine Berufung.

47 Erdheilung

Transformierende, durchdringende Liebe der universellen
Ordnung, durchtränkt von der Kraft und Stärke der Meister, den
Erdenhütern und den Engeln der Erde

Das Gillymaa-Mandala »Erdheilung« wirkt auf und durch alle Ebenen. Es bezieht sich auf die Moor- und Heideflächen, wo Heidschnucken die Hüter sind. In einer insgesamt moorigen Landschaft wird die Entstehung von fruchtbarem Boden behindert. Er ist dort zum Teil sehr sauer, sandig und einseitig.

Das Gillymaa-Mandala »Erdheilung« hilft dabei, die Elementarwesen in der Erde zu aktivieren. Sie lockern den Boden. Dadurch bekommt der Boden Sauerstoff. Bewegung bringt Veränderung. Eine neue Ordnung kann entstehen, die Moorlandschaft bekommt eine neue Bedeutung.

Die Moorwesen achten die Entscheidung der Neuordnung und Umorientierung: Alles ist im Einklang mit der Natur. Die Erde wird durch die Benutzung des Gillymaa-Mandalas »Erdheilung« lockerer, da sie vorher eher trocken, komprimiert und schleimig war.

Das Gillymaa-Mandala »Erdheilung« führt dazu, dass die Erde besser mit Wasser und Sauerstoff durchdrungen wird, so können sich die Mikroorganismen wieder ausgewogen in der Erde verteilen. Das Land wird fruchtbarer und kann für den Garten- und Ackerbau besser genutzt werden.

Das Gillymaa-Mandala »Erdheilung« hilft dabei, dass die Erde mehr Wasser aufnehmen kann. Das hat eine große Bedeutung. Denn wir müssen damit rechnen, dass durch die Schmelzung der Pole mehr Wasser in die Erde dringt als zuvor. Der Prozess hat schon begonnen und wird durch Aspekte der Göttlichen Mutter und von Meistern, Hütern und Engeln der Orte und Plätze unterstützt. Für die Menschen bedeutet das Gillymaa-Mandala »Erdheilung« auf der persönlichen Ebene: Respekt vor dem Leben, Respekt vor den Tieren und Menschen und uns selbst.

Das Gillymaa-Mandala »Erdheilung« aktiviert die Hüter der Moore, aktiviert die Elementarwesen in der Erde, macht dir eine Verbindung zu den Moorwesen, bringt Sauerstoff in die Erde, lockert die Erde, befreit die Erde von übermäßigem Schleim und Unfruchtbarkeit, fördert die Fruchtbarkeit der Erde, aktiviert die Mineralien, Kristalle und Mikroorganismen der Erde, macht die Erde ausgewogen, ist nützlich für Garten- und Ackerbau und erhöht die Wasseraufnahme.

Das Gillymaa-Mandala »Erdheilung« ist einem neuen Berufsbild zuzuordnen, das sich mit dem Boden beschäftigt. Es ist für Erdheiler, die sich dem Thema Wasser, Garten- und Ackerbau und der Feldarbeit mit vergifteten und verseuchten Böden widmen.

48 Die schützende Hand Gottes

Liebe, Wärme und höchstes Mitgefühl sollen dein Herz erweichen,
für die Kinder in Kriegs- und Krisengebieten.

Das Gillymaa-Mandala »Die schützende Hand Gottes« möchte sich dir mitteilen. Die geistige Führung der Sonne in deinem Herzen erhält und trägt dich. Du liegst in den liebevollen Armen einer weinenden Mutter, die alles verloren hat: ihr Heim, ihre Würde, ihren Glauben. Sie hat nur noch dich, weiß nicht, wo sie Nahrung, Wärme, ein schützendes Dach, menschliche Liebe und ein offenes Herz empfangen kann, da sie, in der tiefsten Not, nur einen Gedanken hat: »Wie wird mein Kind in diesen Zeiten der Zerstörung und Kriegstreiberei, jenseits von natürlichem Recht und Ordnung, überleben?«

Das Gillymaa-Mandala »Die schützende Hand Gottes« ist entstanden für die Kinder, die jetzt in Kriegs-und Krisengebieten um ihr Leben ringen, die körperlich und seelisch gekennzeichnet sind von tiefem Leid, die an ihren verstümmelten kleinen Körpern Wunden tragen, die kaum zu reparieren sind – ein Leben lang.

Damit nicht genug. Die kriegerischen Herrscher und Handlanger werden durch die modernen Medien als Wahrheit hingenommen. Sie nehmen sich das Recht heraus, den Missbrauch an der weiblichen Intuition und an Kindern durch sexuelle Befriedigung und Kriegstreiberei weiterzuführen. Sie manipulieren, zerstören, damit sie weiter Unwahrheiten verbreiten können, um letztendlich Schuldige zu finden, die dann die Opfer sind.

Da, wo damals schöne und prachtvolle Städte standen, mit ihren wunderschönen Gebäuden, Farben und Formen, liegt jetzt alles in Schutt und Asche, Tausende Kilometer weit. Die kriegerischen Manipulationen, die durch die modernen Medien geschürt und aufrechterhalten werden, ohne einen liebenden Gott und Vater, ist dem der Stagnation der Evolution und damit dem Untergang geweiht; ebenso die Menschen, die andere Herrscher an Gottes Stelle gesetzt haben und alles missbrauchen, so wie es ihnen gefällt.

Das Gillymaa-Mandala »Die schützende Hand Gottes «unterstützt die Verbannung niedriger Wesenheiten, die durch Machtmissbrauch und Willkür einem Tier gleichkommen, jenseits von göttlichem Recht und göttlicher Ordnung. Sie werden auf andere Planeten umsteigen müssen, die ihrem niedrigen Bewusstsein entsprechen. Wie krank muss ein Mensch sein, zu töten in Massen, Menschenwesen mit Augen, Ohren, Mund und einem warmen Herzen, das der Liebe Gottes gleichkommt? Was sind echte Menschen?

Als der IS (islamischer Staat) in den modernen Medien ihren Höhepunkt erreichte, bekam Gillymaa von ihrer geistigen Führung einen Auftrag, der durch eine liebe Freundin vermittelt wurde. Sie sagte: »Gillymaa, du sollst ein Mandala malen für die Kinder, die jetzt im Krieg sind.« Das ging bei Gillymaa rein wie ein Donnerschlag. »Tue es jetzt«, sagte die Stimme.

Gillymaa war ab sofort im Ausnahmezustand. Unmittelbar im gleichen Moment begann ihre mentale Reise in die betroffenen Länder. Gillymaa durchdrang mit ihrem Laserstrahl für mehrere Tage und Nächte mit ihrem Geist- und Mentalkörper das ganze Ausmaß von Krieg und Verstümmelung. Es wurde ihr spürbar gezeigt, welches Leid der Krieg hervorruft, der auf der ganzen Welt permanent, mit allen Verstrickungen und Erkenntnissen, weitergeführt wird.

In tiefer Verbindung zu den Kindern und Erwachsenen, die ja auch Kinder sind, malte Gillymaa ein heilsames Mandala: »Die schützende

Hand Gottes«. Ein großer Engel der Heilung und des Friedens. Es steht seitdem auf einem lichtvollen Platz, an dem immer eine Kerze brennt, seit Wochen, seit Monaten.

Das Gillymaa-Mandala »Die schützende Hand Gottes« bringt die Herzen der Seelen der Kinder zum Leuchten – in jedem Moment. Das ist der Dienst am Menschen. Die Gillymaa-Mandalas transformieren, Moment für Moment und erheben dich in eine neue Qualität von Bewusstheit. Und nun schaue, was möchtest du tun? Tue es! Du bist kraftvoll und authentisch in deinen Handlungen, für dich, für deine Liebsten und für die Welt einzustehen.

Heute geht es um Entscheidungen darüber, wer du bist und wer du sein möchtest. Wem möchtest du mit Rat und Tat zur Seite stehen? Und wem reichst du deine dienende Hand?

Gehe mutig, siegesgewiss, willensstark und voller Freude zu den Menschen und tue, was deinem Herzen entspringt, um das Leid der Menschen zu lindern.

Über die Künstlerin

Petra Hübscher ist Erdheilerin, Heilerin, Botschafterin, Medium und Künstlerin der neuen Zeit. Der
Name Gillymaa kommt aus der Seelenfamilie von
Petra Hübscher. Sie hat den Namen Gillymaa aus
dem Christus-Selbst von den Elohim empfangen. Der
Name transportiert und verankert spezielle Verbindungen. Gemeinsam mit den aufgestiegenen Meistern

der göttlichen Gegenwart, den Hütern der Erde und den Naturwesen
überbringt Gillymaa die reine Schwingung des Herzens.

Gillymaa repräsentiert alle Aspekte der Göttlichen Mutter – die Liebe,
die aus dem Herzen fließt – unaufhörlich ohne Anfang, ohne Ende. Die
Aspekte von Gillymaa sind: Heilung, Schönheit, Fülle, Mitgefühl, Freude,
Ausdehnung und Kreativität. Gillymaa ist die Verbindung von Himmel
und Erde. Als Erdheilerin, Heilerin und Impulsgeberin öffnet Gillymaa
dem Menschen die geistigen Ebenen des Bewusstseins. Sie hilft ihnen,
ihren eigenen Weg zu finden, die eigene Willenskraft zu stärken und zu
stabilisieren.

In der Bewusstseinsschulung und Erdheilung hat sie eine große Verbindung zu vielen Naturwesen und Schöpferwesen. Diese unterstützen
Gillymaa bei ihrer Arbeit an Orten und Plätzen sowie auf den Heilreisen.

Sie führt die Menschen in die Stille des Seins und hebt die Trennung
auf. Sie hilft ihnen, der Angst ins Auge zu sehen, macht sie sichtbar und
transformiert den Schmerz. Gillymaa schafft Transparenz auf allen Ebenen und stellt ihr Wissen und ihre Erfahrungen zur Verfügung.

Werdegang von Petra Hübscher
Petra ist Mutter von vier erwachsenen Kindern. Seit ihrer Jugend holte
sie sich die Kraft und Ruhe in der Meditation. Ausgebildet in vedischen
Bewusstseinstechniken, die der Weltenlehrer Maharishi Mahesh Yogi lehrte,
wirkte sie als Siddha und yogischer Flieger auf vielen Weltfriedensver-
sammlungen in großen Gruppen, um das Weltbewusstsein anzuheben.

Inspiriert durch den Ayurveda, den Maharishi im Westen systematisierte, machte sie weitere Ausbildungen als Therapeutin, Ernährungs- und Gesundheitsberaterin. Im Ayurveda-Fachbereich arbeitete sie viele Jahre in ayurvedischen Gesundheitszentren in Deutschland, Holland, Österreich und der Schweiz und bildete Ayurvedatherapeuten aus.

Durch einen anerkannten philippinischen Heiler lernte sie, ihre Hände als Werkzeug für Energieübertragung zu benutzen, um die heilenden Schwingungen auf Menschen zu übertragen. Damit knüpfte Petra an ihre eigenen Potentiale neu an. Die Methode, die sie gelernt hat, erlaubt ihr, Menschen für die geistigen Ebenen zu öffnen, was dazu führt, größtmögliche geistige Entwicklung zu erfahren. In ihrer Arbeit folgt sie ausschließlich ihrer Intuition und lässt den Menschen frei.

Mit dem Malen begann für Petra eine neue Zeit, in der sie nochmal tief in die göttliche Frequenz der Stille eintauchte, um nochmals eine Erweiterung ihrer Aufgaben zu erfahren. Durch das Zusammenspiel von Farben und Formen, eröffneten sich neue Möglichkeiten, wie sie als Katalysator den Umkehrungsprozess bei den Menschen und in der Natur einleiten und in der Materie installieren kann. Mit der Zeit sind immer mehr Themen entstanden, die Transformation in den tiefen Schichten der Materie bereitstellen. Die Themen sind: Erwachen, Gesundheit, Erdheilung und die Himmlischen Helfer. Darüber hinaus entstehen individuelle, persönliche Mandalas für deine Seele oder auch für Firmen und spezielle Anlässe, die Petra als Auftragsarbeit entgegennimmt, für Mensch und Natur. Im Kollektiv reiste sie als Botschafterin und Erdheilerin an viele Orten und Plätze, wo sie die Mandalas installiert und aktiviert.

Was mich bewegt

Die Liebe zu Mutter Natur, mit all ihren hingebungsvollen, dienenden Wesen und Geschöpfen, die unermüdlich Tag und Nacht damit beschäftigt sind, Leben zu erhalten, zu erneuern, zu veredeln.

Ich liebe das Leben, ich liebe die Menschen, die Tiere, die Schönheit der Natur mit all ihren Aspekten der Schöpfung. Leben ist höchstes Glücksgefühl, höchste Glückseligkeit. Ein Dank an das Leben selbst und der göttlichen Urquelle.

Manchmal, wenn ich mit Prüfungen konfrontiert werde und sich Ängste zeigen, gehe ich zuerst in die Stille, in meinen heiligen Raum. Ich übergebe mein Anliegen der göttlichen Weisheit, bis sich Klarheit, Sicherheit und das Vertrauen wieder einstellen. Die Stille ist mein zu Hause. Sie verbindet mich mit meinem Ursprung, dem ureigenen Rhythmus der Natur.

Naturgewalten sind Bestandteile einer ineinanderfassenden, lebendigen Abfolge, sie sind zur Reinigung und Neuordnung von Chaos unerlässlich. Ich fühle keine Trennung von den Naturwesen, den Devas, den Göttern, den Engeln.

Schlusswort

Ein großer Umbruch findet statt und ergreift die Menschheit. Bist du auch daran interessiert, dein Wissen und deine Erfahrungen zu erweitern hinsichtlich der Neugestaltung von Mutter Erde? Ein Versprechen zu geben, dein Wort zu sein? Es zu tun? Willst du an einem transformierenden Ausbildungssystem als Erdheilerin mit Gillymaa teilnehmen?

Die Natur braucht uns Menschen nicht. Aber wir können ohne die Natur nicht leben. Ohne Wasser kein Leben, ohne Luft kein Leben, ohne Feuer kein Leben und ohne die Erde kein Leben auf der Erde. Ich glaube an den natürlichen Menschen, der seine Artgenossen liebt und wertschätzt.

Atlantis wird nie untergehen.

NEUE ERDE im Buchhandel

Neue Erde ist ein kleiner unabhängiger Verlag, und der unabhängige Buchhandel ist unser natürlicher Partner. Wir unterstützen die Initiative »buy local«.

Sollte es Lieferschwierigkeiten bei den Büchern von NEUE ERDE geben, lassen Sie immer im VLB (Verzeichnis lieferbarer Bücher) nachsehen, im Internet unter **www.buchhandel.de**

Alle lieferbaren Titel des Verlags sind für den Buchhandel verfügbar.

Auch mobil können Sie, zum Beispiel mit LChoice, unsere Bücher beim örtlichen Buchhändler kaufen.

Sie finden unsere Bücher auch auf unserer Homepage **www.neue-erde.de** oder in unserem Gesamtverzeichnis, welches Sie gerne hier anfordern können:

NEUE ERDE GmbH
Cecilienstr. 29 · 66111 Saarbrücken
info@neue-erde.de